STARK

RATGEBER
SCHÜLER

Schardt • Schardt
Referate und Facharbeiten
für die Oberstufe

STARK

Bildnachweis
Umschlag: © Laurent Hamels, PhotoAlto
S. 1: © 2003, Rolf van Melis; S. 43: © Peter Galler, 8970 Schladming, Österreich; S. 75: © Dieter Kraus, Institut für Physik an der TU Ilmenau; S. 103: Redaktion

ISBN: 3-89449-456-5

© 1999 by Stark Verlagsgesellschaft mbH & Co. KG
2. überarbeitete Auflage 2004
D-85318 Freising · Postfach 1852 · Tel. (08161) 1790
Nachdruck verboten!

Inhalt

Autoren: Bettina Schardt, Friedel Schardt

Vorwort

Liebe Schülerin, lieber Schüler,

Sie greifen zu diesem Buch und erhoffen sich **Rat und Hilfe** zu einem komplexen Problem, das auf Sie zukommt. Wir werden Ihnen dazu keine Sofortlösung anbieten. Das zu versprechen wäre unredlich. Aber wir werden Ihnen Wege aufzeigen, wie Sie Ihr Problem, ein Referat oder eine Facharbeit anzufertigen, planvoll und zweckmäßig angehen und dann auch **in einem sachgerechten, strukturierten Arbeitsprozess lösen** können.

- **Überfliegen** Sie zunächst einmal den Gesamtband. So können Sie sich darüber informieren, was im Einzelnen in diesem Ratgeber abgehandelt wird.
- Lesen Sie die entsprechenden Kapitel dann, wenn sie im Rahmen des Arbeitsprozesses für Sie aktuell werden. Bitte beachten Sie dabei: Der Band richtet sich in seiner Gesamtanordnung nicht nach dem Ablauf des Arbeitsprozesses, sondern er ist **nach Sachschwerpunkten gegliedert**, die dann, soweit das sachlich möglich ist, dem Ablauf des jeweiligen Arbeitsprozesses folgen.
- Die **Dinge, die grundsätzlich gelten** – also für Referate und Facharbeiten gleichermaßen – werden im ersten Kapitel zusammenfassend dargestellt.
- Unsere Hinweise haben wir so formuliert, dass sie – soweit möglich – für alle Bereiche gelten. Wo aber **spezifische Dinge** zu berücksichtigen sind, fügen wir entsprechende Abschnitte ein und verweisen auch auf die jeweiligen Facharbeiten, die wir im letzten Kapitel angefügt haben.

Natürlich müssen Sie Ihr Referat oder Ihre Facharbeit selbst vorbereiten bzw. schreiben. Aber: Die Richtung, in der Sie suchen, die Möglichkeiten, die Sie nutzen, vielleicht auch die Reihenfolge, in der Sie arbeiten können – all das stellen wir Ihnen in diesem Ratgeber so vor, wie es sich in vielen Fällen schon bewährt hat.

Wir wünschen Ihnen viel Erfolg und vor allem viel Spaß bei Ihrer Arbeit.

Friedel Schardt   Bettina Schardt

Vorbemerkungen

Die Facharbeit

- **Begriffsdefinition:** In jedem Bundesland gelten andere Bestimmungen in Bezug auf den Umfang der Facharbeit, den zeitlichen Rahmen der Bearbeitung und dergleichen. Einig ist man sich allerdings überall über den Kern dessen, was unter einer „Facharbeit" – manchmal spricht man auch von „besonderer Lernleistung", „Semesterarbeit" o. Ä. – zu verstehen sein soll. Gleiches gilt für die Zielsetzung und für die Erwartungen, die mit der Facharbeit verknüpft sind.

  Grundsätzlich versteht man unter einer Facharbeit die selbstständige Ausarbeitung eines überschaubaren Themas aus einem (Schul-)Fach, und zwar nach den Regeln der hinter dem jeweiligen Schulfach stehenden Fachwissenschaft. Dabei soll die einschlägige Fachliteratur herangezogen und verarbeitet werden. Daneben erwartet man auch, dass der Schüler im Zusammenhang mit der Facharbeit seine Fähigkeit, eigenständig zu arbeiten, unter Beweis stellt.

- **Zielsetzungen und Erwartungen:** Von der Facharbeit wird man kaum neue wissenschaftliche Erkenntnisse erwarten. Umso wichtiger ist aber die Art und Weise, in der gearbeitet wird. Die Zielsetzungen, die in den einzelnen Bundesländern verschieden ausformuliert sind, lassen sich folgendermaßen zusammenfassen: Es geht immer um ein begrenztes Teilgebiet, in das sich der Schüler unter Anwendung wissenschaftlicher Methoden und Kategorien einarbeiten und dessen Phänomene, Gegebenheiten, Abläufe usw. er untersuchen, beschreiben und auswerten soll. Dabei spielt die **eigenständige Darstellung** von Ergebnissen, Erkenntnissen, Einsichten in die Zusammenhänge, Interpretationen usw. eine große Rolle. Wichtig ist in diesem Zusammenhang sowohl die Richtigkeit der Argumentation als auch die Angemessenheit der jeweils angewandten Methode. Von Bedeutung ist darüber hinaus auch die Art und Weise, wie Fachliteratur herangezogen und verarbeitet wird.

  Aus der Zielsetzung ergibt sich zwangsläufig die Grundforderung nach der Anwendung wissenschaftlicher Methoden bzw. Arbeitstechniken. Dabei wird grundsätzlich immer zwischen wissenschaftlichen Quellen (sog. Primärliteratur), der Forschungsliteratur zu den wissenschaftlichen Quellen (sog. Sekundärliteratur) und den Ergebnissen eigener Versuche bzw. eigenen Nachdenkens zu unterscheiden sein. Nur in den seltensten Fällen kann man mit neuen Ergebnissen rechnen. Deshalb liegt bei einer späteren Bewertung durch den Lehrer ein besonderes Gewicht auf ehrlichen, sachgerechten Arbeitsverfahren, die wissenschaftlichen Ansprüchen genügen müssen.

Das Referat

- **Begriffsdefinition:** In der Regel versteht man unter einem Referat einen mündlichen Vortrag zu einem eng begrenzten Thema, der die Zielgruppe mit einem Gedankengang, einem Gedankenkomplex, einem zusammen-hängenden Bündel von Fakten oder mit Überlegungen aus einem Buch, einer Abhandlung o. Ä. bekannt macht.
- **Erwartungen:** Das Referat, wie es in der Schule gefordert wird, verzichtet in der Regel auf eine eigenständige Bewertung bzw. eine weiter reichende Auseinandersetzung mit dem vorgetragenen Stoff. Es sollte auf die **Wiedergabe vorliegender Gedankengänge** beschränkt sein.
  Ziel eines solchen Referats ist also die Vermittlung von Kenntnissen in knapper Form, die Bereitstellung von Hintergrundinformationen oder von zusätzlichen Informationen zu einem gegebenen Thema. Gelegentlich werden auch erweiterte Formen des Referats verlangt, bei denen nicht nur die Wiedergabe einer eng begrenzten Vorlage, sondern auch eigene Arbeit, eigenes Nachdenken und eine eigene Bewertung im Mittelpunkt stehen. Oft greifen Lehrer zu dieser Variante, wenn noch Noten ausstehen. Diese Form des Referats kommt der Facharbeit schon sehr nahe. Thematisch geht es dann z. B. um die Vorstellung eines Romans, um die intensive Beschäfti-gung mit einem Versuch bzw. einer Versuchsreihe, um die Auseinander-setzung mit einer historischen Figur usw.

Materialbeschaffung und Arbeitsmethoden

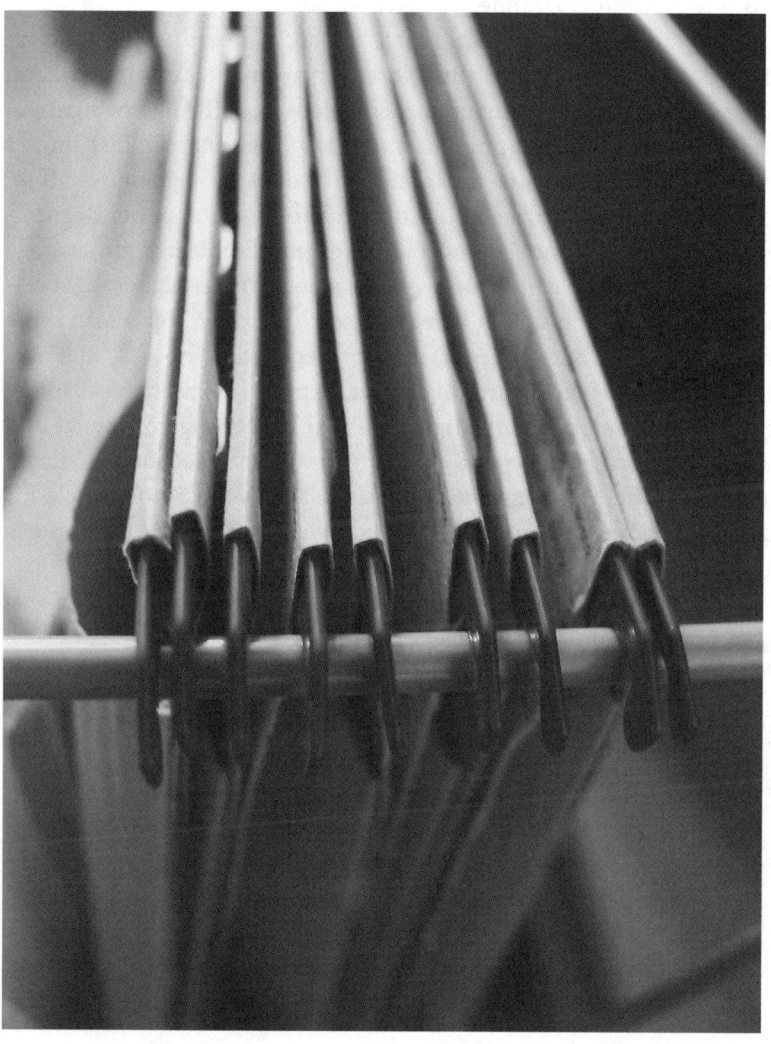

1 Wie man mit Fachbegriffen umgeht

Charakteristisch für sauberes wissenschaftliches Arbeiten ist die **konsequente Verwendung exakt umrissener Begriffe**. Deshalb müssen entscheidende Begriffe, die man bei der Ausführung der eigenen Gedanken verwendet, präzise definiert und einsichtig erläutert werden. Es muss klar sein, welche Bereiche von einem Begriff erfasst werden und in welchen logischen und sachlichen Zusammenhängen er zu anderen Begriffen steht.

Das bedeutet nun freilich nicht, dass man bei jedem Begriff, den man verwendet, die gesamte Definitionsarbeit selbst leisten muss. Zum einen kann man davon ausgehen, dass wohl der eine oder andere Begriff Allgemeingut geworden und in seiner Bedeutung unumstritten ist. Allerdings ist hier immer eine gewisse Vorsicht angebracht – im Zweifelsfall sollte man einen Begriff sicherheitshalber definitorisch absichern. Zum anderen wird man bei Begriffsbestimmungen und -erläuterungen auf die jeweiligen Fachlexika zurückgreifen. Hier ist dann aber zu beachten, dass verschiedene Wörterbücher nicht selten auch verschiedene Definitionen liefern. In solchen Fällen muss man seine Entscheidung für die eine oder andere Definition begründen.

Bisweilen wird man einen Begriff auch „heuristisch" verwenden, d. h. der Begriff wird bewusst mit einer vorläufigen, offenen Bedeutung verwendet und zunächst nicht definiert. Im Verlauf der jeweiligen Untersuchung wird die Bedeutung des Begriffes dann aufgefüllt bzw. geklärt. Wenn Sie Beispiele für Begriffsklärungen suchen, dann sehen Sie sich einmal die Einleitung dieses Buches an.

Es kann recht hilfreich sein, wenn man jeden zentralen Begriff auf jeweils einem Bogen notiert und dort die zugehörigen Definitionen und Erläuterungen einschließlich ihrer Quellen sammelt. So lassen sich auch eigene Zusätze, Fragen und Auffälligkeiten markieren und Gegensätze zwischen einzelnen Definitionen herausarbeiten.

Beispiele

Erzählsituation

Der Begriff Erzählsituation erfasst in einem Roman die folgenden zwei Gegebenheiten: „das Auftreten eines Erzählers in einer bestimmten Rolle und das Vorherrschen einer der beiden Grundformen des Erzählens" (berichtende Erzählung, szenische Darstellung). Stanzel unterscheidet weiter:

1. die auktoriale Erzählsituation: „das auszeichnende Merkmal dieser Erzählsituation ist die Anwesenheit eines persönlichen, sich in Einmengungen und Kommentaren zum Erzählten kundgebenden Erzählers".

2. die Ich-Erzählsituation: „der Erzähler (gehört) zur Welt der Romancharaktere".

3. die personale Erzählsituation: der Erzähler tritt so weit zurück, „dass seine Anwesenheit dem Leser nicht mehr bewusst wird".

Aus: Franz K. Stanzel: *Typische Formen des Romans.* Vandenhoeck und Ruprecht, Göttingen [12]1993, S. 15 ff.

Erzählsituation „bezeichnet einen vielfach zusammengesetzten Sachverhalt, ob es sich um einen Ich- oder Er-Erzähler handelt, ob er innerhalb oder außerhalb der Welt der Figuren steht, persönlich in Erscheinung tritt, oder neutral bleibt und die Figuren ‚von außen' mit beschränktem Wissen oder ‚von innen' allwissend darstellt".

Aus: Klaus Gerth: *Elemente des Erzählens.* Schroedel Schulbuchverlag, Hannover 1983, S. 23

2   Beschaffung von Fachliteratur

Die Beschaffung von einschlägiger Fachliteratur betrifft zwei unterschiedliche Bereiche. Zunächst einmal muss man wissen, was es alles zum jeweiligen Thema gibt, welche Titel, Bücher und Aufsätze infrage kommen. Erst dann stellt sich die Frage, wie man an die jeweiligen Bücher herankommt.

In der Regel wird Ihnen Ihr Fachlehrer das eine oder andere wichtige Buch nennen. Sie sollten sich dann aber nicht darauf beschränken, nur diese angegebenen Werke zu bearbeiten, es sei denn, Ihr Fachlehrer wünscht es ausdrücklich. Meist finden Sie bereits in der **Schulbibliothek** wichtige Werke, die Sie für Ihre Arbeit gebrauchen können.

Darüber hinaus sollten Sie eine gut geführte **öffentliche Bibliothek** (Gemeinde-, Stadtbücherei, Universitätsbibliothek, Landesbibliothek usw.) aufsuchen und sich dort mit dem Autorenkatalog wie auch mit dem Sach- bzw. Schlagwortkatalog beschäftigen. Wie Sie dabei am besten vorgehen, erfahren Sie im nächsten Abschnitt. Wenn Ihnen der Sachwortkatalog keine weitere Auskunft mehr gibt oder wenn Sie nicht damit zurechtkommen, können Sie sich an das Bibliothekspersonal wenden, das Ihnen bestimmt gerne weiterhilft. Je nach Thema sollten Sie aber auf jeden Fall **spezielle Bibliotheken** (Amerikahaus, Technikmuseum usw.) nutzen und vor allem Schriften in Ihre Arbeit einbeziehen, die von Firmen und Verbänden bereitgestellt werden.

Auch **Vereine** (historischer Verein, numismatische Gesellschaft usw.) haben nicht selten Spezialliteratur gesammelt, die sie einem Interessenten bestimmt gerne ausleihen. Bei Arbeiten im Bereich Geschichte und Sozialkunde wird man häufig auf **Archive** zurückgreifen, d. h. auf öffentliche oder private Stellen, die Material, Dokumentationen usw. zu bestimmten Themen gesammelt haben. Oft können bei solchen Fragen auch die **Redaktionen der regionalen und überregionalen Zeitungen** weiterhelfen.

Wir empfehlen Ihnen, auf diese Art und Weise zunächst einmal eine Liste der Literatur zusammenzustellen, die für Sie leicht erreichbar ist. Sie sollten aber auch diejenigen Titel notieren, die zwar etwas mit Ihrem Thema zu tun haben, aber nicht ohne weiteres greifbar sind. (Vielleicht können Sie diese Titel über „Fernleihe" bekommen, falls Sie sie unbedingt brauchen. Näheres dazu siehe folgende Seiten.) Legen Sie diese Liste dann Ihrem Fachlehrer vor und bitten Sie ihn, diejenigen Titel zu benennen, die er für wichtig hält. Diese Titel sollten Sie sich dann auf jeden Fall beschaffen.

2.1 Wie kommt man zu den entsprechenden Titeln?

Wir wollen einige Vorgehensweisen anhand von Beispielen vorführen: Wir suchen Literatur für die im Anhang abgedruckten Facharbeiten aus den Fächern Deutsch, Physik und Chemie.

Beginnen wir mit der Facharbeit zu Hartmann von Aue und Thomas Mann. Zunächst wird man sich das Thema etwas genauer ansehen und überlegen, welche Stichwörter unter Umständen enthalten sind bzw. infrage kommen könnten. In unserem Fall bieten sich zunächst die beiden Autoren selbst als „Stichwörter" an: Hartmann von Aue und Thomas Mann. Da in der Themenstellung aber von der „Verarbeitung einer Vorlage" die Rede ist, wird man sich auf Thomas Mann konzentrieren, der Hartmann von Aues Text verarbeitet hat. Ein weiteres Stichwort könnte der Titel des Werkes von Thomas Mann sein. Für einen Sachkatalog einer allgemeinen Bibliothek allerdings wäre dieser Titel als Schlagwort vermutlich zu speziell. In einer elektronisch aufgebauten und gespeicherten Datei könnte er über die Stichwortsuche weiterführen. Das Thema verweist auf zwei Erzählungen und auf die Verarbeitung als einem literarischen Mittel. Es muss also verglichen werden, folglich müssen bestimmte literarische Kategorien (das sind spezielle Fachbegriffe, die eine Einordnung einzelner Phänomene erlauben) mitbedacht werden, mit deren Hilfe man Erzählweisen und -techniken beschreiben kann. Es wäre also möglich, jetzt schon nach solchen Kategorien (z. B. „Erzählperspektiven") zu suchen und diese als Schlagwörter zu notieren.

Nun wird man in einer **Präsenzbibliothek** ein einschlägiges Standardwerk heranziehen und versuchen, unter einem der bis jetzt gefundenen Stichwörter weitere Hilfen zu finden. In unserem Fall bietet sich Kindlers Literaturlexikon an. In Band III findet sich auf S. 3 225 f. einiges über Thomas Manns Erzählung „Der Erwählte". Vor allem finden wir dort fast eine Spalte gefüllt mit Literaturangaben. Diese Angaben sind schon recht detailliert und nicht alle Titel können beschafft werden, da es sich z. T. um maschinenschriftliche Dissertationen und dergleichen handelt. Dennoch findet sich der eine oder andere Hinweis auf ein Werk, das für uns greifbar und wohl auch von Interesse ist. Die entsprechenden Titel werden notiert. Man kann nun in der einen oder anderen Literaturgeschichte unter „Thomas Mann" und auch unter „Hartmann von Aue" weitersuchen und wird dort am Ende der jeweiligen Kapitel auf einige Literaturangaben stoßen. Auch Autorenlexika geben Auskunft über einschlägige Titel. Lexika werden in ihren Literaturangaben aber nur in den seltensten Fällen den neuesten Stand der Wissenschaft erfassen. Deshalb sollte

man auch auf aktualisierte **Bibliographien** zum jeweiligen Fachbereich zurückgreifen bzw. entsprechende Schlagwortkataloge zurate ziehen.

Man schaut im Schlagwortkatalog einer größeren Bibliothek nach. Unter
dem Stichwort „Der Erwählte" wird man kaum etwas finden. Wesentlich
günstiger aber steht es mit Literaturangaben zum Stichwort „Thomas Mann".
Am besten wird es nun sein, wenn man die einzelnen Angaben durchgeht und
überprüft, ob die jeweiligen Titel in Richtung unseres Arbeitsauftrags gehen.
In vielen modernen Bibliotheken bietet sich bereits die Möglichkeit, auf elek-
tronischem Wege zu recherchieren.

Im naturwissenschaftlichen Bereich wird man im Grunde nicht wesentlich
anders vorgehen. Am Beispiel der Arbeit zum Franck-Hertz-Versuch sei das
verdeutlicht. Der Schüler, der sich mit der Arbeit beschäftigte, griff zunächst
zum **Schulbuch** und suchte dort eine erste Orientierung. Weitere Informationen verschaffte er sich aus Enzyklopädien und Lexika. Da im Thema die Namen zweier Wissenschaftler auftauchen, nach denen der Versuch benannt ist,
lag es natürlich nahe zu vermuten, dass diese selbst ein Buch über ihre Arbeit
geschrieben haben. Hier konnte der **alphabetische Autorenkatalog** der
Schulbibliothek weiterhelfen. Schließlich bot die **Fachbibliothek** des Fachbe-
reichs Physik noch wichtige Hilfen in Form von Anleitungen und Erläuterungen zu den notwendigen Versuchsapparaturen.

Eine weitere Möglichkeit sei noch erwähnt. Man stößt bei der Arbeit mit
Fachliteratur naturgemäß auf Zitate aus anderen Werken und Hinweise auf an-
dere Titel, die sich mit ähnlichen oder den gleichen Problemen beschäftigen.
So kann es bisweilen recht hilfreich sein, das **Literaturverzeichnis eines
Fachbuchs** durchzugehen. Vielleicht stößt man dabei auf den einen oder an-
deren Titel, der für die eigene Aufgabe recht interessant sein könnte.

Soweit es sich um neueste Forschungsergebnisse und Problemstellungen
handelt, wird man sich um die entsprechenden **Fachzeitschriften** kümmern
müssen, die in der Schule oder in öffentlichen Bibliotheken bereitstehen. Auch
populärwissenschaftliche Zeitschriften (GEO usw.) enthalten oft wichtige
Hinweise auf wissenschaftliche Literatur.

2.2 Wie nutzt man Bibliotheken?

Grundsätzlich ist zwischen Präsenzbibliotheken und Ausleihbibliotheken zu unterscheiden. Die meisten Bibliotheken vereinigen beide Abteilungen in sich. In der Präsenzbibliothek kann man Bücher ausleihen und im angegliederten Lesesaal einsehen. In solchen Bibliotheken finden sich in der Regel größere Lexika, Enzyklopädien, wichtige Standardwerke der großen Fachbereiche und vor allem auch Bibliographien. Gerade Bibliographien werden Sie heranziehen müssen, wenn Sie Werke zu einem Thema aus einem bestimmten Zeitraum suchen. Allerdings ist der Umgang mit einer solchen Bibliographie nicht ganz einfach. Deshalb sollten Sie ruhig die Hilfe des Bibliothekspersonals in Anspruch nehmen.

Standardwerke, Lexika, Enzyklopädien usw. wird man in der Regel nicht ausleihen, sondern im jeweiligen Arbeitsraum einsehen. Da die Texte, die aus diesen Werken benötigt werden, auch recht kurz sind, kann man sie kopieren, um sie so stets griffbereit zu haben. (Übrigens finden Sie die meisten einschlägigen Standardwerke wahrscheinlich in der Schulbibliothek bzw. in den Fachbibliotheken der einzelnen Fachbereiche.)

Beispiele

Karteikarten von Bibliotheken

- System „PI" (= Preußische Instruktionen für die alphabetischen Kataloge)

Verfasser	Riha, Karl Le 417	Signatur
Ordnungswort	**Moritat**, Song, Bänkelsang. Zur Geschichte der modernen Ballade.	Titel
	Göttingen: Sachse & Pohl (1965)	Verlag, Ersch.-jahr
Umfang, Format	179 S. 8^0	
	Schriften zur Literatur. 7.	Reihe

Auf dem Buchrücken („Signaturschild") finden Sie: Le 417 h.

- System „RAK"(= Regeln für alphabetische Katalogisierung); heute häufig in Schulbibliotheken, Stadtbüchereien usw. verwendet.

Systemstelle	**Pgl 1**	**Riha, Karl**	Autor
Verweisung	(Pgr 2)	Moritat, Song, Bänkelsang.	Titel
		Zur Geschichte der modernen Ballade.	
Umfang, Format		Göttingen: Sachse und Pohl (1965). 179 S. 8^0	Ersch.-ort, Verlag
		Schriften zur Literatur. 7.	
Zugangs-nummer	96 /67G		

Auf dem Buchrücken („Signaturschild") finden Sie: Pgl 1-Rih.

Wir haben schon wiederholt auf die elektronischen Medien als Hilfsmittel verwiesen. Hier nun einige wichtige Hinweise zum Umgang mit elektronischen Katalogen.

So geht man mit Online-Katalogen um: Für bestimmte Bereiche der Recherche kann man Hilfsmittel wie einen Online-Katalog einsetzen. Noch enthalten Online-Kataloge meist erst die ab einem bestimmten Zeitpunkt erworbenen Werke einer Bibliothek. Gerade für ältere Werke sollte man zur Sicherheit auf jeden Fall auch die alten Kataloge mit den Karteikarten benutzen. Online-Kataloge machen die Suche einfacher und vor allem schneller. Die Verknüpfungsmöglichkeiten und die vielen verschiedenen Suchbegriffe bieten ganz neue Zugangsdimensionen, die das Auffinden von Werken sehr erleichtern.

Die Pfälzische Landesbibliothek in Speyer besitzt z. B. seit einiger Zeit einen Online-Katalog. Unter *http://www.ubka.uni-karlsruhe.de* kann man sich via Internet in den Online-Katalog einklicken. Dort findet man alle von der Landesbibliothek seit 1990 erworbenen Buchtitel, alle laufend abonnierten Zeitschriftentitel und einen Großteil der Periodika. Für ältere bzw. vor 1990 erworbene Werke muss man sich weiterhin mit Karteikartenkatalogen befassen.

Hat man sich in den Online-Katalog der Pfälzischen Landesbibliothek eingeloggt, kann man diverse „Suchbegriffe" eingeben. Die „Feldauswahl" ist groß: Titelwort, exakter Titel, Freitext, Schlagwort, Autor, Ort, Verlag, Jahr,

ISBN, ISSN, Körperschaft, Serie, Band, Signatur. Zusätzlich kann der Nutzer mit „und", „oder" sowie „und nicht" Verknüpfungen zwischen den Suchbegriffen herstellen und entsprechende Suchaufträge geben.

Wollen Sie ein Buch mit nach Hause nehmen, um es durchzuarbeiten, so müssen Sie es ausleihen. Zunächst wird hierfür ein Leihschein ausgefüllt. Beim Ausfüllen des Leihscheins sollten Sie sich um größtmögliche Korrektheit bemühen, da Sie sonst Gefahr laufen, entweder gar nicht oder nur bruchstückhaft bedient zu werden. In der Regel werden Bücher über vier Wochen ausgeliehen. Sind in der Ihnen zugänglichen Bibliothek bestimmte Werke nicht vorhanden und ist diese Bibliothek der **Fernleihe** angeschlossen, so kann über diesen Weg ein Buch aus einer anderen Bibliothek beschafft werden. Das nimmt allerdings einige Zeit in Anspruch.

Beispiel

Hiermit bestelle ich ○ zur Abholung ○ zur Zusendung ○ zur Benutzung im Lesesaal	Buchsignatur	Nur stark umrandete Teile ausfüllen	
Name und Adresse			
Unterschrift			
Pfälzische Landesbibliothek Postfach 1709 67346 Speyer a. Rhein	Datum		Mahnung

Es versteht sich von selbst, dass Sie sich davor hüten sollten, in ausgeliehenen Büchern zu markieren, zu unterstreichen oder in sie hineinzuschreiben. Angesichts der heutigen Kopiertechnik ist das auch nicht notwendig. Die Seiten, die Sie intensiver bearbeiten möchten, können Sie ja kopieren. Auf den Kopien können Sie sich dann nach Belieben „austoben". Wenn Ihre finanzielle Lage es Ihnen gestattet, sollten Sie vielleicht auch das eine oder andere wichtige Buch anschaffen, sofern es noch greifbar ist. Mit dem eigenen Buch arbeitet es sich erfahrungsgemäß am besten.

2.3 Recherche im Internet

Gerade bei Themen mit aktuellem Bezug empfiehlt es sich, einen Blick ins Internet zu werfen. Hier gibt es die Möglichkeit, unter konkreten Adressen zu suchen oder verschiedene Suchmaschinen bzw. Kataloge zu benutzen und das Netz nach bestimmten Suchbegriffen durchsuchen zu lassen.

Suchmaschinen und Kataloge

Es gibt mittlerweile zahlreiche Suchmaschinen und Kataloge, deren Handhabung ganz einfach ist: Man wählt die entsprechende Suchmaschinen- oder Katalogadresse an, gibt sein Stichwort ein und bekommt prompt Adressen zum Stichwort aufgelistet.

- Adressen von Suchmaschinen sind beispielsweise
  Google: *http://www.google.de*
  Alta Vista (engl.): *http://www.altavista.digital.com*
  Excite: *http://www.excite.com*
  WebCrawler: *http://webcrawler.com*
  Metasearch: *http://metasearch.com*
  HotBot: *http://hotbot.com*

- Nur deutschsprachige Adressen bekommt man unter
  Alta Vista: *http://www.altavista.de*
  Fireball: *http://www.fireball.de*
  Lycos: *http://www.lycos.de*

- Adressen von Katalogen:
  Yahoo! (international): *http://www.yahoo.com*
  AOL-Katalog: *http://www.germany.aol.com/katalog/index.htm*
  Galaxy: *http://galaxy.Einet.net/galaxy.html*

- Deutsche Kataloge (im Wesentlichen mit Selbsteintragungen, d. h. wer etwas anzubieten hat, trägt sich in den Katalog ein):
  Yahoo! (deutsch): *http://www.yahoo.de*
  Web.de: *http://www.web.de*
  Bellnet: *http://www.bellnet.com/suchen.html*
  DINO-Lotse: *http://dino-online.de*

- Bei vielen Themen, besonders aus dem sozialkundlichen Bereich, wird man nicht umhin können, nach neuesten Informationen zu suchen. Hier einige spezielle Adressen:

Leitseite des Bundestages: *http://www.bundestag.de* (Von dieser Seite aus wird man zu einem breit gefächerten Informationsangebot geführt.)
Nachrichtendienst CNN: *http://cnn.com*
Berliner Zeitung: *http://www.berlinonline.de*
Internationale Zeitungen: *http://newo.com/news/index.html*
Deutsche Zeitungen und Zeitschriften:
http://newo.com/news/germany.html
Fernsehanstalten: *http://www.wdr.de*
   http://www.zdf.de

Da im Internet alle Informationen zum gleichen Thema gleichberechtigt und ohne Unterscheidung nebeneinander stehen und da vom Internet her kein Qualitätsmanagement betrieben wird (wer sollte das auch tun?), bleibt es dem Benutzer überlassen, aus dem Informationsangebot, das ihm die Suchmaschinen zugänglich machen, auszuwählen, Zuverlässiges von weniger Zuverlässigem zu trennen, kurz, das Angebot nach bestimmten (Qualitäts-)Kriterien zu durchforsten. Zunächst aber geht es darum, überhaupt Zugang zu Informationen zu gewinnen, die das infrage stehende Gebiet betreffen.

Allgemeine Suchbegriffe

Wir setzen voraus, dass es Suchmaschinen gibt (tatsächlich gibt es heute über 3 500 solche Maschinen) und dass es Informanten gibt, die ihre Seiten entsprechend angemeldet haben. Nun wissen wir natürlich nicht, welche Stichwörter die Informanten an die Suchmaschinen gegeben haben. Wir werden deshalb die Suche mit eigenen Stichwörtern beginnen. Dabei gehen wir von allgemeinen Begriffen aus und verfeinern die Suche dann mehr und mehr.

In unserem Beispielfall soll es um den „Regenwald" gehen. Genauer: Es wird nach der Bedeutung des Regenwaldes für das Klima gefragt. Wir wählen als allgemeinstes die Sache betreffendes Stichwort zunächst „Regenwald". Die Suchmaschine Google liefert nach 0,26 Sekunden ca. 510 000 Nennungen bzw. Fundstellen. Das bedeutet nun: Wir würden – wenn überhaupt – nur mit einem enormen Zeitaufwand zu einer groben Sichtung der Informationsangebote kommen. Wir werden also zunächst weitere allgemeine Begriffe benutzen, die wir kombinieren, um die Zahl der Belege weiter einzuschränken. Schon die Nennung des zweiten Themenschwerpunkts „Klima" schließt eine Menge von Nennungen aus. Es bleiben aber immer noch 77 000 Belege übrig. Schaut man genauer hin, so findet man viele Fundstellen, bei denen es um „Urlaub im Regenwald" und Ähnliches geht. Wir können nun bestimmte Begriffe eingeben, die Belegstellen ausschließen. In unserem Fall reduziert bereits der Ausschluss von „Urlaub" ca. 15 000 Stellen, sodass noch 62 900 Belege übrig bleiben. Weiterhin finden wir viele Bücher zum Thema aus dem Angebot von Internet-Buchhandlungen. Auch sie können wir ausschließen. Es bleiben noch 62 000 Belege. Wir werden uns nun um konkretere Suchbegriffe bemühen müssen, wenn wir eine überschaubare Anzahl von Belegstellen erhalten wollen. Also: Was – genau! – soll gefragt, untersucht werden?

Gezielte/spezifische Suchbegriffe

Solche konkreten Suchbegriffe, wie wir sie nun benötigen, lassen sich nicht mehr abstrakt und allgemein gültig angeben. Vielmehr können wir jetzt nur Verfahren vorführen, wie man zu solchen konkreten Begriffen kommen kann, die man dann einsetzen wird, um die Suche zu verfeinern. Wir werden in diesem Zusammenhang fachorientiert vorgehen müssen.

Wir können drei verschiedene Grundverfahren anwenden, um zu weiter einengenden, spezifizierenden Begriffen zu kommen:

- Wir denken über den konkreten Fall nach und formulieren bei unserem Nachdenken immer wieder **Fragen bzw. Hypothesen**. Diese Formulierungen reduzieren wir dann auf die **Begriffe**, die ihnen zugrunde liegen. So könnte sich z. B. ergeben, dass man über den Regenwald und seine Gefährdung nachdenkt und auf Brandrodung stößt oder auf den Raubbau, der im Rahmen einer rücksichtslosen Holzgewinnung betrieben wird. Geben wir nun die Begriffe „Raubbau" (720) oder „Brandrodung" (428) ein, so wird unser Belegvolumen deutlich reduziert.
- Das zweite Verfahren ist wohl eher allgemein gültig. Man ordnet das konkrete Problem in den einschlägigen Fachhorizont ein und zieht Fachbegriffe heran, die in diesem Bereich üblich sind. In unserem Fall würde das so aussehen: Wir betrachten die klimatischen Bedingungen, die für das Bestehen eines Regenwaldes nötig sind, und werden auf das Stichwort „Zenitalregen" verwiesen. Unsere Belege reduzieren sich mit diesem Stichwort auf fünf. Allerdings: Möglicherweise haben wir jetzt Dokumente ausgeblendet, die Wichtiges zum Einfluss des Regenwaldes auf das weltweite Klima sagen. Es sollte also bedacht werden, dass die Reduktion auf wenige Stellen nicht schon gleich auch zu den brauchbaren Informationen führt. So wird man wohl oder übel doch einige Quellen überprüfen müssen, bis man (vielleicht) etwas Brauchbares gefunden hat.
- Die dritte Möglichkeit, ein brauchbares Stichwort zu finden, ist wohl die wichtigste: Man hat schon einiges Fachwissen erworben und bringt nun einschlägige Fachbegriffe mit dem in Verbindung, was gerade ansteht. (Übrigens: Hier leisten die Schulfachbücher eine wichtige Hilfestellung, sie

bieten meist die einschlägigen Fachbegriffe!) Dieses Verfahren gewinnt an Bedeutung, wenn wir uns in ein Thema schon etwas eingearbeitet haben und nun den einen oder anderen Aspekt vertiefen wollen. Wir haben dann eben schon einiges Wissen erworben und bringen dieses ein in die weitere Suche. In unserem Beispiel wäre es z. B. möglich, dass im Verlauf der Arbeit die Bedeutung des Regenwaldes als Sauerstoffproduzent in den Blick kommt und dass in diesem Zusammenhang auch vom Gegeneffekt, dem vom CO_2 ausgelösten „Treibhauseffekt" die Rede ist. Geben wir neben „Regenwald" und „Klima" das Stichwort „Treibhauseffekt" ein, so erhalten wir – nach der üblichen Reduktion – 4 800 Nennungen. Eine weitere Einschränkung liefert das Stichwort „CO_2": 190 Nennungen verbleiben. („Kohlendioxyd" führt zu 11 Nennungen.)

Qualitätskriterien

Wir haben nun durch Stichwortwahl und Kombination der Suchbegriffe die infrage kommenden Informationsangebote deutlich reduziert. Immer noch finden wir aber mehr oder weniger „unsortiert" nebeneinander Unterrichtsvorbereitungen für Lehrer, Referate von Schülern und Studenten, Hausarbeiten aus Schule und Universität, Aussagen von Fachautoritäten, Lexikonartikel usw. Wie soll man aber entscheiden, welchen Beleg man in die nähere Auswahl einbezieht (von 500 Belegen wird man kaum alle durchsehen!), welche Information als zuverlässig infrage kommt und welche man besser aussortiert?

Wir können auch weitere verschiedene und auch verschiedenartige Kriterien anwenden.

- Schon bei der Auswahl werden wir auf die Quelle schauen. Handelt es sich um die Homepage eines Instituts, einer einschlägigen Institution, eines Lexikons?
- Wenn es um die Inhalte geht, werden wir zuerst einmal recht „oberflächliche", äußere Kriterien als Entscheidungshilfen heranziehen: Sprachrichtigkeit, Rechtschreibung, Zeichensetzung sollten schon in Ordnung sein. Eine Arbeit mit unzuverlässiger Rechtschreibung, mit Satzbaufehlern oder ungeschickter, vielleicht sogar unsachgemäßer Wortwahl deutet auf einen Autor/eine Autorin hin, die wohl auch im Sachbereich „schwach" ist.
- Ein Text, der sich mehr oder weniger „frei schwadronierend", eher essayistisch über ein Thema auslässt, wird zwar unter Umständen äußerst kluge und gute Gedanken enthalten. Als Ganzes aber sollte man auch ihn mit Vorsicht zur Kenntnis nehmen. Der Einsatz eines solchen Textes als Informationsquelle erfordert einen kritischen und sachkundigen Benutzer.

- Eine erste Einordnung der Quelle („geistige" Herkunft/Qualifikation des Autors) kann eine Orientierung in Bezug auf Zuverlässigkeit, Brauchbarkeit und Ähnliches liefern.
Als zuverlässig können wir Arbeiten betrachten, die an der Universität angefertigt wurden, die Quellen genau angeben, vielleicht auch den ursprünglichen Verwendungszusammenhang und eine mögliche Bewertung vermerken. Auch wenn Fachautoritäten sich zum Thema äußern, können wir eine gewisse Zuverlässigkeit voraussetzen. Die entsprechenden Texte aber haben den Nachteil, dass sie bisweilen recht abstrakt formuliert und somit nicht ganz einfach zu verstehen sind.

- Eher inhaltliche Kriterien sind schon schwieriger zu entwickeln, vor allem wenn es darum geht, auf möglichst viele Fälle übertragbare Gesichtspunkte zusammenzustellen. Man wird da auf jeden Fall angewiesen sein auf den Vergleich mit eigenem Wissen, d. h. die eigene (Fach-)Kompetenz ist in gewisser Weise gefragt. Aber auch wenn man sich in ein Fachgebiet erst einarbeiten will, kann man doch Hinweise auf die Zuverlässigkeit eines Textes erhalten, wenn man genauer hinschaut und feststellt:
Wie steht es um die Markierung und Begründung von Thesen/Meinungen? Werden Interpretationsaussagen sachgerecht belegt? Gibt es Absicherungen der Aussagen (Sekundärtexte)?
Werden die Fachbegriffe angemessen behandelt (u. U. definiert, erläutert, abgegrenzt)?
Werden sekundäre Quellen herangezogen?

- Ein wichtiges Kriterium sollte mit Vorsicht angewandt, aber doch nicht vergessen werden: Wir werden immer fragen: Bringt uns die Information weiter? Liefert sie uns Hilfen beim Verstehen? Wir sollten immer bedenken: Eigentlich geht es um ein Problem, das *wir* zu lösen haben. Wir suchen keine kompletten Problemlösungen (dann wäre unser Bemühen eigentlich umsonst), sondern Lösungshilfen. Das bedeutet andererseits, dass wir selbst uns ein Lösungskonzept zurechtlegen sollten und dann bei der Realisation dieses Konzepts auf weitere Hilfsmittel zurückgreifen.

Dokumente aus dem Internet haben auch Verfasser

Auch wenn man denken könnte: *In diesem Dschungel findet doch keiner meine Quelle ein zweites Mal!*, gilt für Texte aus dem Internet bei der Verwendung in Referaten, Facharbeiten etc. das Gleiche wie für alle Texte: Der jeweilige Verfasser muss als geistiger Urheber genannt, Quellen müssen offen gelegt und Zitate als solche kenntlich gemacht werden (zitiert wird dann die auf der jeweiligen Internetseite angegebene Anschrift).

3   Verarbeitung von Fachliteratur

Die größte Gefahr beim Arbeiten mit Fachliteratur besteht wohl darin, dass man geneigt ist, sich blindlings in einen Berg von Sekundärliteratur hinein-zuwühlen, und dabei in einem Wald von vielfältigen Meinungen und Ansich-ten zum jeweiligen Problem mehr und mehr den Überblick verliert. Deshalb ist es von Anfang an wichtig, dass man immer wieder einmal auf das gestellte Thema schaut und gewissermaßen bei jeder Kapitelüberschrift des gerade zu bearbeitenden Buches fragt: Hat sie etwas mit dem Thema zu tun? Lassen sich direkte Verbindungen zwischen dem gestellten Thema und der gerade anste-henden Überschrift herstellen?

3.1   Der Einstieg

Eine wichtige Hilfe beim Einstieg in die Fachliteratur kann uns das **Fach-lexikon** oder ein einschlägiges Nachschlagewerk liefern. Das Lexikon enthält zwar keine umfassenden Informationen zu einem Teilbereich, aber es spricht in der Regel die wichtigsten Punkte an. Diese können wir zumindest vorläufig für die Gliederung unseres Themas in Teilkapitel benutzen. Darüber hinaus stellt das Fachlexikon einen wichtigen Teil der Standardausrüstung beim Lesen von Fachliteratur dar. Gerade als Anfänger tut man sich schwer mit den Fach-begriffen, die an entscheidenden Stellen auftauchen und ganz spezielle Bedeu-tungen haben. Diese Begriffe müssen geklärt sein, ehe man weiterliest, da man sonst immer weniger verstehen wird. Will man diese Begriffe sach- und fach-gerecht klären, wird man auf ein entsprechendes Lexikon zurückgreifen. So kann das erste Lesen bisweilen zu einer recht mühsamen Arbeit werden. Aber das sofortige Nachschlagen unbekannter Fachbegriffe ist nun einmal unver-zichtbar. Übrigens: Die Definitionen und Erläuterungen der wichtigsten Be-griffe wird man herausschreiben bzw. kopieren, sodass man sie jederzeit ver-fügbar hat. Auf diese Weise spart man dann einerseits das wiederholte Nach-schlagen und hat andererseits die wichtigsten Teile immer vor Augen.

3.2 Einen Überblick gewinnen

Ein Fachbuch wird man im Rahmen einer Facharbeit in den seltensten Fällen von der ersten bis zur letzten Seite durchlesen. Zumindest kann man nicht alle Bücher, die man zum Thema gefunden und beschafft hat, vollständig durcharbeiten. Oft interessieren nur einzelne Abschnitte oder Kapitel oder gar nur wenige Seiten. Um aber feststellen zu können, ob in einem Buch überhaupt solche relevanten Stellen vorhanden sind, muss man sich einen Überblick verschaffen. Die meisten Fachbücher bieten hierfür verschiedene Orientierungshilfen an, die man nutzen sollte:

- **Die Einleitung des Buches:** Hier finden sich oft wichtige Hinweise auf Arbeitsmethodik, Zielsetzung und Abgrenzungen, auf einzelne Arbeitsstrategien und Arbeitsrichtungen des Buches sowie auf wichtige verwendete Begriffe und behandelte Problembereiche. Allerdings: Die meisten Autoren schreiben ihre Einleitung zum Schluss und verarbeiten dort all ihr Wissen, das sie im Verlauf des Arbeitens gewonnen haben. So kommt es, dass die Einleitungen oft die schwierigsten Teile eines Fachbuches sind.

- **Das Inhaltsverzeichnis:** Das Inhaltsverzeichnis gibt die Gliederung des Buches wieder und lässt so den Aufbau, die gedankliche Abfolge und den Argumentationsverlauf erkennen. Es gibt an, welche Inhalte in welchem Kapitel behandelt werden, was sich woraus ergibt und wie die einzelnen Teile zu gewichten sind. So wird feststellbar, ob das Buch überhaupt Kapitel enthält, die sich mit dem Problem beschäftigen, das uns interessiert. Übrigens: Beschäftigt man sich mit einem solchen einzelnen Kapitel, so wird es manchmal notwendig werden, die engen Kapitelgrenzen zu überschreiten und nach vorne zu blättern, um etwa die Ursprünge eines Gedankens bzw. die Argumentationsvoraussetzungen feststellen zu können. Gegebenenfalls muss man auch weiter in das Buch hineinlesen, um die Konsequenzen einer punktuellen Ausführung einschätzen zu können.

- **Personen- und Sachregister:** Die meisten Fachbücher enthalten am Ende ein Verzeichnis der Personen, die in der vorausgehenden Abhandlung erwähnt wurden bzw. deren Ansichten zur Sprache kamen. Oft findet man auch ein Stich- bzw. Schlagwortverzeichnis. Das Personenverzeichnis wird man dann nutzen, wenn man ein personenbezogenes Thema zu bearbeiten hat. Beispiel: Die Bedeutung des Grotesken in Dürrenmatts „Der Besuch der alten Dame". Als Fachbuch steht zur Verfügung: *Margret Dietrich: Das moderne Drama. Alfred Kröner Verlag, Stuttgart* [2]*1963*. Das Inhaltsverzeichnis lässt in Bezug auf das infrage stehende Thema wenig erkennen. Das Personenregister aber verzeichnet 16 Stellen, die sich mit Dürrenmatt beschäftigen. Also wird man die entsprechenden Seiten überfliegen.

- **Das Stichwortverzeichnis** (nicht alle Fachbücher besitzen ein solches!) erlaubt wichtige Orientierungen und gibt die Stellen eines Buches an, an denen der entsprechende Sachverhalt bzw. das entsprechende Thema erwähnt bzw. abgehandelt wird. Durch Fett- oder Kursivdruck ist oft diejenige Seitenangabe gekennzeichnet, die auf die Stelle verweist, an der das Thema hauptsächlich abgehandelt wird.

3.3 Orientierendes Lesen

Das **Stichwortverzeichnis** erlaubt zwar keine intensive Lektüre, es reicht aber vorläufig aus, um einen ersten Eindruck von Art und Umfang der Behandlung des interessierenden Themas zu gewinnen. Für diese erste Orientierung sucht man nun die entsprechenden Stellen auf und „überfliegt" sie. Ein solches „kursorisches" Lesen genügt für eine erste „Fühlungnahme". Man liest „diagonal", überfliegt also größere Textpartien, um diejenigen Stellen ausmachen zu können, die mit dem Thema direkt zu tun haben. Hat man sich so einen Überblick verschafft, wird man sich mit den gefundenen Stellen etwas genauer beschäftigen müssen. Einen richtigen Überblick gewinnt man aber nur, wenn man das, was man gerade zur Kenntnis genommen hat, auch verstanden und verarbeitet hat:

- Deshalb sollte man, gerade wenn man Textauszüge gelesen hat, nach der ersten Lektüre versuchen, **das Gelesene eigenständig zu formulieren**. Die Leitfrage lautet: Welche Ansicht äußert der Autor hier?
- Dann sollte man nach den Gründen, Argumenten, Versuchs- oder Befragungsergebnissen fragen, die die Ansicht des Autors untermauern.
- Man sollte aber auch schon überlegen, ob **Querverbindungen** auffallen oder vom Autor sogar mitgedacht werden. Fragen hierzu könnten sein: Gibt es Beziehungen (welche?) zwischen den Aussagen des Autors und anderen Anschauungen? Die Herstellung solcher Beziehungen ist besonders dann wichtig, wenn man tiefer in ein Problem eindringen will, das von mehreren Autoren mit u. U. verschiedenen Ansichten bearbeitet wurde.
- Wichtig ist aber auch, **neu zur Kenntnis genommene Inhalte vom bisherigen Wissen zu unterscheiden**, also zu fragen: Was bringt mir das

gerade Gelesene an neuen Einsichten? Welche meiner Ansichten wird hier berührt (bestätigt, infrage gestellt usw.)?

- Man überlegt schließlich, in welchem **Argumentationszusammenhang** man die gefundene Textstelle innerhalb der eigenen Arbeit unterbringen möchte. Man wird so feststellen, dass das überfliegende Lesen mithilfe des Sachregisters für eine erste Orientierung ausreicht, aber doch ergänzt werden muss, wenn man den gesamten Gedankengang verstehen will. Ein solches Verstehen lässt sich dann erreichen, wenn man die jeweils infrage stehenden Kapitel oder Teilkapitel Abschnitt für Abschnitt liest und versucht, die Gedanken in Form einer Zusammenfassung nachzuvollziehen. Angesichts der Formulierungsprobleme, die sich beim endgültigen Fixieren des eigenen Textes später immer wieder ergeben, ist hier ein schriftliches Formulieren zu empfehlen, das dem Gelesenen im Wortlaut nicht zu nahe kommen darf.
- Diese **eigene Formulierung muss** dahin gehend **überprüft werden**, ob sie den Sachverhalt hinreichend genau wiedergibt.
- Hat man die entsprechenden Abschnitte eines Buches in dieser Art und Weise durchgearbeitet, so kann man zum Schluss in Form einer **Zusammenfassung** kontrollieren, ob und wie weit man den Gedankengang wirklich verstanden hat und ihn nachzeichnen kann.

Das hier skizzierte Verfahren ist als Technik der Aneignung fremden Gedankenguts einerseits fast unumgänglich, es birgt aber andererseits auch eine große Gefahr in sich: Man glaubt zu leicht, man könne sich durch die eigene Formulierung von dem Buch unabhängig machen, aus dem man die Kenntnisse eigentlich hat. Deshalb soll nochmals betont werden: Eine solche eigenständige Formulierung dient nur der Kontrolle: Inwieweit wurde das Gelesene verstanden und inwieweit ist man in der Lage, es selbstständig wiederzugeben und in seiner gedanklichen Abfolge zu organisieren? Die Erkenntnis selbst bleibt geistiges Eigentum des Autors, von dem man sie übernommen hat. Sie muss als solche auch nachgewiesen bzw. zitiert werden, selbst wenn man eigenständig formuliert hat.

Am Ende der Beschäftigung mit einer Stelle aus der Fachliteratur wird man diese **Stelle** selbst **exzerpieren** und sie entsprechend einem geeigneten Leitaspekt in das bisher gesammelte Material einordnen (siehe folgender Abschnitt). Selbstverständlich hält man mit der Stelle selbst auch den Fundort fest.

3.4 Exzerpieren

Das Exzerpieren ist eine unumgängliche Tätigkeit im Rahmen wissenschaftlichen Arbeitens. Im Allgemeinen versteht man unter einem Exzerpt einen wörtlichen Auszug aus einem größeren Text. Das bedeutet: Man muss beim Übernehmen auf Genauigkeit Wert legen und auch Zeichensetzung, Rechtschreibung, Hervorhebungen usw. exakt kopieren. Gelegentlich wird man längere Passagen, die für die eigenen Zwecke nicht so wichtig sind, die man aber für das Nachvollziehen entscheidender Gedanken braucht, sinngemäß zusammenfassen. Dabei muss man besonders gut darauf achten,

- dass man eigene Gedanken von übernommenen trennt,
- dass man nicht unzulässig und sinnentstellend verkürzt,
- dass weder falsche Verbindungen herstellt noch unpassende Einordnungen vornimmt.

Im Grunde stellt das Exzerpieren bereits eine erste Bearbeitung des gesammelten Materials dar:

- Man wählt aus einem größeren Ganzen eine geeignet erscheinende Textstelle aus, die einen Gedanken enthält, der mit der eigenen Argumentation zu tun hat.
- Man ordnet diese Textstelle einem Leitaspekt unter und gliedert sie damit in die eigene Gedankenwelt ein.

Deshalb muss man auch schon beim Exzerpieren einiges berücksichtigen:

- Welches Stichwort könnte den Gedanken, das Argument, die Überlegung usw. zusammenfassen und repräsentieren?
- Unter welchem Aspekt bzw. in welchem Zusammenhang der Arbeit wird dieser Gedanke heranzuziehen sein?
- Gibt es Zusammenhänge (welche?) zu schon gesammeltem Material? Hier wird man entsprechende Vermerke und Querverweise festhalten.
- Man wird schon zum Zeitpunkt des Exzerpierens erste (gewiss noch nicht endgültige) Vergleiche anstellen und Ähnlichkeiten und Gegensätze herausarbeiten.
- Natürlich wird man auch erste Überlegungen und Kommentare, die einem spontan einfallen, gleich festhalten wollen. Allerdings muss man schon beim Herausschreiben und schriftlichen Festhalten solcher Überlegungen streng unterscheiden zwischen dem, was man aus einer Vorlage übernimmt (auch wenn es sich nicht um ein wörtliches Zitat handelt, ist es doch eine

Übernahme!), und dem, was man sich selbst überlegt hat. Entweder arbeitet man beim Festhalten dann mit zwei Farben oder man schreibt in zwei verschiedenen Spalten fremde und eigene Gedanken nieder.

- Schließlich wird man, wenn man sich schon weiter eingearbeitet hat, auch eine erste Gewichtung und Bewertung vornehmen. Gegebenenfalls bildet man sich auch eine eigene Meinung zu fremden Gedanken. Auch diese eigenen Gedanken sollte man in Stichpunkten festhalten. (Im Verlauf des weiteren Arbeitens kann sich diese Meinung ja noch ändern. Gerade dann ist es aber gut, wenn man an den ursprünglichen Eindruck erinnert wird.)

Es erscheint angebracht, schon beim Herausschreiben zu überlegen, welchem Bereich oder Teilbereich das gerade Notierte angehört. Diesen Teilbereich bzw. Gesichtspunkt wird man an einer besonders hervorgehobenen Stelle des Notizzettels bzw. der Karteikarte als Schlagwort notieren. Er dient später der schnellen Orientierung. Gleichzeitig empfehlen wir Ihnen, auf einem eigenen Bogen all die Gesichtspunkte zu sammeln, zu denen Sie Exzerpte angefertigt haben. Sie erhalten so recht gutes Ausgangsmaterial für eine spätere Gliederung.

Auf ein und demselben Blatt wird man also recht verschiedene Dinge festhalten:

- das eigentliche Zitat (wörtlich oder zusammengefasst);
- die Quellenangabe;
- das Stichwort, dem man das Ganze (vorläufig) zuordnen möchte;
- Querverweise, eigene Anmerkungen und Kommentare.

Es empfiehlt sich deshalb, so etwas wie eine „**Standardkarteikarte**" zu entwerfen, die man immer wieder verwendet. So etwa könnte eine solche Karte aussehen:

Beispiele

Karteikarte mit wörtlichem Zitat:

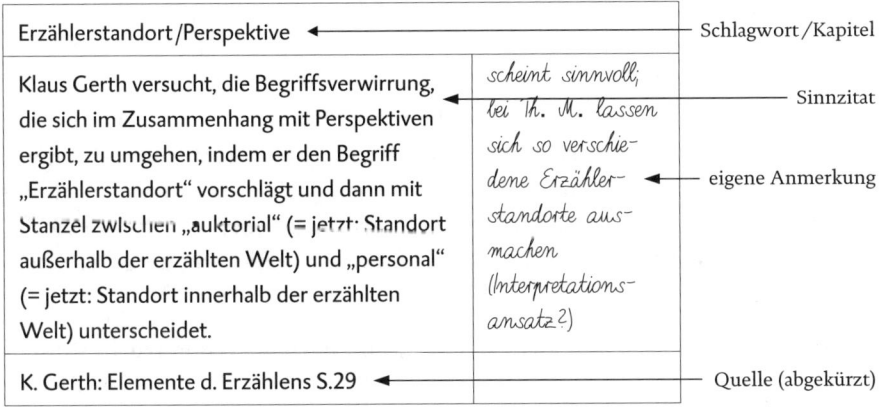

Allwissender Erzähler/Erzählperspektive ◄		Schlagwort/Kapitel
Ein allwissender Erzähler mit olympischem Ein- und Überblick gibt dem Leser das Gefühl, in eine übersichtliche und deutbare Welt einzutreten und die Motive und Handlungen in ihren Zusammenhängen zu durchschauen.	*Stimmt für Hartmann. Wie aber ist es bei Thomas Mann?*	Zitat eigene Anmerkung
K. Gerth: Elemente d. Erzählens S. 39 ◄		Quelle (abgekürzt)

Karteikarte mit sinngemäßem Zitat:

Erzählerstandort/Perspektive ◄		Schlagwort/Kapitel
Klaus Gerth versucht, die Begriffsverwirrung, die sich im Zusammenhang mit Perspektiven ergibt, zu umgehen, indem er den Begriff „Erzählerstandort" vorschlägt und dann mit Stanzel zwischen „auktorial" (= jetzt: Standort außerhalb der erzählten Welt) und „personal" (= jetzt: Standort innerhalb der erzählten Welt) unterscheidet.	*scheint sinnvoll; bei Th. M. lassen sich so verschiedene Erzählerstandorte ausmachen (Interpretationsansatz?)*	Sinnzitat eigene Anmerkung
K. Gerth: Elemente d. Erzählens S.29 ◄		Quelle (abgekürzt)

4   Zitieren

Unter „Zitieren" versteht man in unserem Zusammenhang die wörtliche oder sinngemäße Wiedergabe einer Stelle aus einem anderen Text. Grundsätzlich lassen sich zwei Arten von Zitaten unterscheiden:

4.1   Zitate aus Primärwerken

Man zitiert aus den „Primärwerken", d.h. aus den Werken, die zu interpretieren bzw. zu bearbeiten sind. Diesen Zitaten entsprechen bei Arbeiten mit experimentellem Hintergrund die Versuchsbeschreibungen bzw. Versuchsprotokolle, die Umfrageergebnisse usw.

Wozu zitiert man?

Wenn man sich mit einem Text beschäftigt, sollte man stets darauf achten, dass die Verbindung zu diesem Text nicht verloren geht. Auch dem Leser muss man die Textstellen vorführen, auf die man sich bezieht bzw. auf die sich die eine oder andere Aussage stützt. Immer wieder wird man Textstellen „zitieren", das heißt wörtlich anführen. Zitate können verschiedene Aufgaben übernehmen:

1. Zitate können das Material vorstellen, das im Folgenden untersucht werden soll. Beispiel: „Er mag eben nicht. Es nimmt ihn nicht Wunder." Die Bedeutung dieser Sätze muss genauer untersucht werden. Was bedeutet dieses „Es nimmt ihn nicht Wunder"? Weitere sprachliche Formulierungsmöglichkeiten: *... darauf soll nun genauer eingegangen werden ...; ... das bedarf einer genaueren Klärung/Analyse ...; ... das lässt uns aufhorchen/aufmerksam werden ...*

2. Zitate können abstrakte Aussagen dokumentieren. Man belegt durch ein Zitat eine allgemein gehaltene Interpretationsaussage. Beispiel: Die „Frau ohne Unterleib" ist eine eiskalt berechnende Geschäftsfrau und lässt sich durch nichts aus dem Konzept bringen. Das muss auch der Erzähler eingestehen: „Oh, sie hatte den Faden durchaus nicht verloren." und später: „Oh, sie verlor den Faden nicht so leicht." Weitere sprachliche Formulierungsmöglichkeiten: *... im Text heißt es dazu ...; ... das lässt sich belegen: ...*

3. Zitate können allgemeine Aussagen begründen. Beispiel: Brecht lehnt es ab, Gewalt unter Einsatz des Lebens zu bekämpfen, denn, so lässt er Herrn Keuner sagen, „ich habe kein Rückgrat zum Zerschlagen". Weitere sprachliche Formulierungsmöglichkeiten: ... *diese Auffassung lässt sich begründen mit der Stelle ...; ... gründet sich auf ...; stützt sich vor allem auf ...*

4. Zitate können Anlass für Schlussfolgerungen sein. Beispiel: „Es nimmt ihn nicht Wunder." Aus dieser Textstelle ist zu schließen, dass der Mann nicht so leicht zu erschüttern ist. Weitere sprachliche Formulierungsmöglichkeiten: ... *darin deutet sich an, dass ...; ... das Zitat verweist auf ...*

Wie zitiert man richtig?

1. Man übernimmt einen Textteil direkt, setzt den Text in Anführungszeichen und gibt den genauen „Fundort" (Seite, Zeile ...) an. Beispiel: Herr Keuner begründet sein Verhalten so: „Gerade ich muss länger leben als die Gewalt." (S. 7, Z. 10 f.)

2. Man übernimmt einen Textteil, muss aber Änderungen vornehmen, um ihn an den Rahmen anzupassen, in dem er erscheinen soll. Dabei handelt es sich in der Regel um grammatische Anpassungen, die man als solche kennzeichnen muss.

   a) Auslassungen werden durch Punkte gekennzeichnet. Beispiel: Herr Egge „hütete ... sich wohl, ... ein Wort zu sagen."

   b) Ergänzungen werden in Klammern gesetzt. Beispiel: Es überrascht zunächst, wenn Tucholsky einer „sanfte[n] grüne[n] Lampe" (Z. 8) die Schuld am Sterben des jungen Mannes gibt.

3. Man verkürzt ein Zitat: Werden nur einzelne Wörter ausgelassen, so markiert man die Stellen durch drei Punkte. Handelt es sich um längere Passagen, so werden diese durch drei Punkte in eckigen Klammern [...] ersetzt.

4. Man zitiert sinngemäß: Man gibt den Inhalt einer Formulierung in eigenen Worten wieder. Auch dann muss man den Ursprung des Gedankens angeben. Je nach Nähe zur ursprünglichen Fassung wird man schreiben: ... *siehe hierzu ...; vergleiche hierzu ...; frei nach ...* oder man bringt die eigene Formulierung und setzt dazu in Klammern die Stelle, auf die man sich bezieht.

4.2 Zitieren aus der Sekundärliteratur

Eine zweite Gruppe von Zitaten bilden die Übernahmen aus der Sekundärliteratur, d. h. derjenigen Literatur, die sich ebenfalls mit der Problemstellung
auseinander setzt, die man bearbeitet. Folgende Aufgaben können einem solchen Zitat zukommen:

- Es gibt zu erkennen, mit welchen Gedanken sich der Autor auseinander
  gesetzt hat.
- Es gibt die Herkunft einzelner Gedanken an.
- Es untermauert eigene Erkenntnisse.
- Im naturwissenschaftlichen Bereich wird man oft eine Untersuchungs-
  methode oder auch ein Auswertungsverfahren übernehmen und entspre-
  chend dokumentieren. (Siehe hierzu die Facharbeiten aus den Fächern
  Physik und Chemie im Anhang.)
- Es belegt Behauptungen.
- Es dient der kritischen Auseinandersetzung: Man kann das Zitat dem eige-
  nen Standpunkt als Gegenpol gegenüberstellen oder es mit einem zweiten
  Zitat konfrontieren, in dem die gegenteilige Meinung vertreten wird.

Grundsätzlich gilt in allen Fällen des Zitierens: Das Original muss wortgetreu
wiedergegeben werden, einschließlich der Eigentümlichkeiten der Rechtschreibung und Zeichensetzung. Selbst Fehler müssen übernommen werden.
Wenn man dem Leser klar machen möchte, dass es sich bei einem Fehler nicht
um einen Tippfehler, sondern um eine Übernahme aus dem Original handelt,
so setzt man hinter die entsprechende Stelle ein „(sic!)“.

Beginnt ein Zitat mit einem Pronomen, dessen Bezug unklar ist, so muss
man durch einen Zusatz erläutern, worauf sich das Pronomen bezieht. Den
Zusatz wird man als Anmerkung des Verfassers deklarieren. Beispiel: „Er (d. h.
der Widerstand) war so stark, dass ...“ oder: „Er (der Widerstand; Anm. d. Verf.)
war so stark, dass ...“ Will man einzelne Teile eines Zitats zusätzlich hervorheben, so kann man das tun, muss aber vermerken, dass die Hervorhebungen
nicht im Original zu finden sind. Man fügt also in Klammern an: „(Hervorhebungen vom Verf.)“.

Die letzten Hinweise gelten selbstverständlich nur für wörtliche Zitate, die
durch Anführungszeichen als solche gekennzeichnet sind. Will man größere
Gedankenkomplexe knapp wiedergeben und in die eigene Gedankenführung
einbauen, so zitiert man „sinngemäß“, d. h. man fasst den interessierenden
Komplex, die Erhebungen usw. zusammen und referiert sie knapp. In einer
Fußnote gibt man die exakte Quelle an.

4.3 Fehler beim Zitieren

Das Zitieren ist zwar eine Grundfertigkeit des wissenschaftlichen Arbeitens, doch gerade in diesem Bereich werden recht häufig Fehler gemacht. Deshalb seien hier noch einmal die größten Gefahren zusammengestellt, die beim Zitieren auftreten können.

- Es wird zu ausgiebig zitiert. Der eigene Gedanke des Autors verschwindet ganz hinter den gesammelten Zitaten. Dazu kommt noch, dass es bei einer Häufung von Zitaten immer schwieriger wird, einen durchgehenden Gedankengang zu erkennen, da verschiedene Zitate unterschiedlicher Herkunft naturgemäß nie genau auf einer Linie liegen.
- Es wird unnötig zitiert. Selbstverständliche Gedanken und Formulierungen brauchen nicht als Zitate nachgewiesen zu werden. Gleiches gilt für Gedanken und Begriffsklärungen, die zum Allgemeingut geworden sind. Es ist allerdings nicht immer ganz einfach, hier zu entscheiden. Deshalb unsere Empfehlung: Im Zweifelsfall sollten Sie sich auf ein nachgewiesenes Zitat stützen.
- Nicht alles, was man gelesen hat, muss man auch zitieren. Man sollte bei jedem Zitat sehr genau prüfen:
  Ist es von Interesse für die Problematik des Themas oder dient es eher der „Garnitur"?
  Will man nur den Eindruck von Wissenschaftlichkeit erzeugen?
  Dient das Zitat der Lösung der Problematik des Themas bzw. der Profilierung einer Meinung, die die Lösung des Themas verfolgt?
- Es wird ungenau oder verfälschend zitiert. Daher sollte man zunächst die Bedeutung eines Zitats in seinem ursprünglichen Zusammenhang formulieren und dann überprüfen, ob diese Bedeutung erhalten bleibt. Wörtliche Zitate müssen auf Worttreue überprüft werden. Übernimmt man ein Zitat von einem Dritten, so muss man das Original einsehen (das Zitat „verifizieren"). Ist das nicht möglich, so wird man vermerken: *„zitiert nach . . .".*
- Es wird zu wenig zitiert. Mögliche Ursachen hierfür:
  Es wurde zu wenig gelesen (und das heißt auch: zu wenig gearbeitet!).
  Man glaubt, auf die Meinung anderer ganz verzichten zu können. Hier sollte man bedenken, dass zumindest im Interesse einer sachgerechten Auseinandersetzung andere Meinungen herangezogen werden müssen.
- Zitate werden aus ihrem ursprünglichen gedanklichen Zusammenhang herausgerissen und in einen neuen Zusammenhang gestellt, ohne dass dies angezeigt wird.

5 Auswerten und Bearbeiten von Material

5.1 Wie bearbeitet man einen Text?

Im Zusammenhang mit der (im Anhang als Beispiel abgedruckten) Facharbeit zu Hartmann von Aue und Thomas Mann tauchte schon früh das Problem der Erzählperspektive auf. Die Autorin der Facharbeit stieß auf folgenden Text von Klaus Gerth[1]:

Beispiel

> Erzählte Welt ist ... immer vermittelte Welt ... Sie verwirklicht sich in der Selektierung, Perspektivierung und Bewertung der Wirklichkeit durch den Erzähler. Wenn wir epische Texte verstehen wollen, müssen wir uns dessen bewusst sein und dem Standort, der Perspektive und den Ansichten des Vermittlers auf die Spur kommen. [...] Da wir die erzählte Welt mit den Augen des Erzählers wahrnehmen, müssen wir entscheiden können, ob Ironie oder Satire, Identifikation oder Neutralität nur auf seine oder auch auf Kosten des Autors gehen. Wir müssen die Nuancen, die zwischen diesen Möglichkeiten liegen, in Rechnung stellen. [...]
>
> „Erzählsituation" bezeichnet einen vielfach zusammengesetzten Sachverhalt: Ob es sich um einen Ich- oder Er-Erzähler handelt, ob er innerhalb oder außerhalb der Welt der Figuren steht, persönlich in Erscheinung tritt oder neutral bleibt und die Figuren von „außen" mit beschränktem Wissen oder von „innen" allwissend darstellt (was nicht ausschließt, dass er sie auch von „außen" allwissend darstellen kann). Das sind aber sehr unterschiedliche Gesichtspunkte. Nach Stanzel schließen sie sich zu drei Erzählsituationen (Ich, auktorial, personal) zusammen, allerdings mit zahlreichen Übergängen. Schon die Dreizahl will nicht einleuchten. Entweder gibt es zwei (Ich/Er oder auktorial/personal) oder vier „Erzählsituationen":
>
> | | auktorial | personal |
> | --- | --------- | -------- |
> | Ich | x | x |
> | Er | x | x |

---

1 Textausschnitte aus: Klaus Gerth, Elemente des Erzählens. Schroedel Schulbuchverlag Hannover 1983, S. 18–39

Mehr Schwierigkeiten bereitet jedoch die <u>Komplexität des Begriffs „Erzählsituation"</u> … (Ich schlage deshalb vor,) den Ausdruck „<u>Erzählerrollen</u>" wieder aufzunehmen. Diese Rollen kann man unter den folgenden Gesichtspunkten beschreiben:

* Welche <u>Form</u> hat der Autor gewählt (Er oder Ich)?
* Welches <u>Verhalten</u> legt der <u>Erzähler</u> an den Tag (neutral oder kommentierend)?
* Welchen <u>Standort</u> nimmt er ein (auktorial oder personal, Nähe oder Ferne)?
* Welches <u>Wissen</u> besitzt er?
* Welche <u>Haltung</u> nimmt er ein?

Wenn man die Erzählerrollen auf diese Weise „elementarisiert" und ihre Bausteine isoliert erfasst, kann man den Erzähler im einzelnen Werk genauer beschreiben …
[…]
Der <u>Standort</u>: In der Erzählforschung hat sich für die Erscheinung, um die es hier geht, der Begriff „<u>Perspektive</u>" eingebürgert. Er wäre brauchbar, wenn er nicht fast immer <u>zwei Sachverhalte zugleich</u> bezeichnete, die man bei der Textanalyse trennen muss: <u>Den Standort des Erzählers</u> (innerhalb oder außerhalb) und <u>sein Wissen</u> (begrenzt oder unbegrenzt) …
Deshalb schlage ich den weniger vorbelasteten Begriff „<u>Erzählerstandort</u>" vor. Er erlaubt <u>zwei Differenzierungen</u>: Nach „<u>innerhalb oder außerhalb</u>" (der Welt der Figuren) und nach „<u>Ferne oder Nähe</u>" … Mit Stanzel unterscheide ich beim Standort die beiden Möglichkeiten „<u>auktorial</u>" und „<u>personal</u>". Im ersten Fall liegt er außerhalb der erzählten Welt, im zweiten innerhalb …
Zur Bestimmung des Erzählerstandorts eignen sich besonders die verschiedenen Formen der Gedankenwiedergabe …

* … der Erzähler <u>fasst … Gedanken referierend zusammen</u> …; der Standort ist <u>auktorial</u>; man könnte dies <u>Erzählerrede</u> nennen. …
* Standort und Verantwortung (bleiben) zwar auch beim auktorialen Erzähler, aber wir <u>erfahren etwas vom Wortlaut der Gedanken</u> …: Dies ist die Form der <u>indirekten Rede</u>.
* … das <u>Wahrnehmungszentrum (verlagert sich) in die Figur</u>, das <u>Erzählen wird personal</u>. Wir nehmen die Bewusstseinsvorgänge in der direkten Spiegelung durch die Reflektorfigur (…) wahr. Die Indizien dafür sind: Syntax und Floskeln der mündlichen Rede („Das Zeugnis hatte er, gut", …) … Umgangssprache …: Es handelt sich um erlebte Rede. Sie zeichnet sich durch eine Doppelperspektive aus, denn das Wahrnehmungszentrum „Erzähler" ist keineswegs ganz von der „Figur" verdrängt worden. Der Erzähler hat zwar die Optik der Figur gewählt, geht aber nicht ganz in ihr auf. Er behält ein Stück seiner Identität und seines Standorts. Wir

lesen das ab am Gebrauch der dritten Person statt der ersten, am Präteritum statt des Präsens („das Zeugnis hatte er" statt „habe ich") … Wenn sich der Erzähler noch ein wenig mehr zurückzieht und seinen Standort noch stärker in die Figur verlagert, schwinden die dritte Person und das Präteritum: Es handelt sich dann um den inneren Monolog … […]

„Auktorial" und „personal" beschreiben den Erzählerstandort danach, ob er außerhalb oder innerhalb der Welt der Figuren liegt. Damit ist noch nichts über eine andere Standortfrage gesagt: über Ferne oder Nähe. Während es im Personalen nur die Nähe (erlebte Rede) oder die Identifikation (innerer Monolog) mit der Perspektive der erlebenden Figur gibt, lässt die auktoriale Position alle Varianten von der Ferne bis zur Nähe zu. […] Auch Nähe oder Ferne haben ihre Funktion: Nähe lädt zur Anteilnahme und Identifikation ein, Ferne lässt den Leser eher kühl; Nähe oder Ferne spiegeln Akzentsetzungen des Erzählers oder lassen etwas von seiner Erzählhaltung ahnen, sie dehnen oder raffen das Erzählen mit allen Konsequenzen, die das für die Gewichtung hat.

Ein Erzähler kann zweierlei Arten von Wissen besitzen: Einblick in das Bewusstsein seiner Figuren und Überblick über Raum und Zeit innerhalb seiner erzählten Welt … Ich beginne mit dem Einblick des Erzählers in das Bewusstsein der Figuren. Dem auktorialen Erzähler ist das … nur mit dem Gedankenbericht möglich, der personale dagegen stellt Innenwelt aus Innensicht dar, weil sein Standort im Bewusstsein der Figur liegt … […] Der Einblick in Bewusstseinsvorgänge – im Gedankenbericht so gut wie in der Innensicht – bringt uns eine Figur nahe; Figuren, die wir nur „von außen" kennenlernen, bleiben uns ferner oder rätselhafter. Infolgedessen identifizieren wir uns mit der einen Gestalt mehr, mit der anderen weniger … […] Der Überblick über Raum und Zeit schlägt sich in Vorausdeutungen nieder … Zukunftsgewisse Vorausdeutungen sind nur dem auktorialen Erzähler möglich, der personale oder die Figuren müssen sich mit ungewissen begnügen. Beide Arten tragen zur Integration des Werkes und zur Spannung des Lesers bei. Ein allwissender Erzähler mit olympischem Ein- und Überblick gibt dem Leser das Gefühl, in eine übersichtliche und deutbare Welt einzutreten und Motive und Handlungen in ihren Zusammenhängen zu durchschauen … Seit unsere Welt komplizierter und unser Menschenbild durch die Entdeckung des Unbewussten vielschichtiger geworden sind, haben sich Zweifel geregt, ob ein solches Erzählmodell der Realität gerecht wird. Moderne Erzähler verzichten daher meist auf olympische Fähigkeiten und bevorzugen personale Erzählweisen, die unserem begrenzten und partikularen Wissen besser zu entsprechen scheinen …

Schritte bei der Bearbeitung

- **1. Schritt:** Die zentralen Begriffe, die „**Schlüsselwörter**" werden identifiziert und markiert. Es geht in unserem Fall um „Erzählhaltung" und „Erzählperspektive". Also wird man sich zu fragen haben: Welche Begriffe stehen in unmittelbarem Zusammenhang mit „Erzählhaltung" und mit „Erzählperspektive"? Welche Begriffe benennen verschiedene Erzählhaltungen und verschiedene Erzählperspektiven? (Markierung im Text)
- **2. Schritt:** Es wird gefragt: **Was bedeuten die jeweiligen Begriffe**, also: Welche Inhalte lassen sich ausmachen? Welche Verhaltensweisen, welche Bewertungen usw. stehen mit ihnen in Zusammenhang? Die entsprechenden Wörter und Wortgruppen werden wiederum markiert. (Markierung im Text)
- **3. Schritt:** Es wird gefragt: **In welchem Zusammenhang stehen die Begriffe zueinander?** Die Stellen, die eine Antwort geben, werden markiert. (Markierung im Text)
- **4. Schritt:** Nun kann man versuchen, den Text unter der zu bearbeitenden Fragestellung, d. h. schon **auf das konkrete Thema bezogen, zusammenzufassen.** Dabei werden die entscheidenden Begriffe unmittelbar übernommen, ihre Inhalte werden zusammengefasst, die Beziehungen zwischen den Begriffen werden benannt. In unserem Beispiel könnte das so aussehen:

Beispiel

Problem der Erzählperspektive:

„Erzählte Welt" ist immer ein Produkt des Erzählers, seines Standorts, seiner Perspektive und seiner Ansichten. Nach Gerth gibt es zwei (Ich/Er oder auktorial/personal) oder vier (die genannten Paare gekreuzt) „Erzählsituationen". Gerth will den mehrdeutigen Begriff vermeiden und greift auf den Begriff „Erzählerrolle" zurück. Gerth wendet sich gleichfalls gegen den Begriff „Perspektive", da auch er mehrere Sachverhalte (Standort des Erzählers und Wissen d. E.) bezeichnen kann. G. entscheidet sich für „Erzählerstandort". Begründung: Zum einen muss man wissen, ob der Erzähler innerhalb (personal) oder außerhalb (auktorial) der Welt der Figuren erzählt, zum anderen wird die Unterscheidung zwischen „Ferne" und „Nähe" zum Geschehen (Distanz und Anteilnahme ...) möglich.

Während der auktoriale Erzähler die gesamte Palette von Ferne bis Nähe ausschöpfen kann, kommt für den personalen Erzähler nur die Nähe infrage.

Es gibt zwei Arten von Wissen für den Erzähler: Er hat entweder Einblick in das Bewusstsein der Figuren (Gedankenbericht des auktorialen Erzählers; Innensicht des personalen Erzählers), oder er hat einen Überblick über Raum und Zeit (nur auktorialer Erzähler).

Übrigens: Für die spätere Arbeit wurde der hier formulierte Text nur mittelbar herangezogen, hatte dann aber umso größere Bedeutung für die Terminologie und Arbeitsmethodik eines eigenen Kapitels (vergleiche hierzu das Kapitel 2 in der Arbeit). Eine Anmerkung zum Markieren sei noch gestattet: Ehe man zum Textmarker greift, sollte man den gesamten jeweiligen Abschnitt gelesen haben. Erst beim zweiten Lesen wird man diejenigen Teile anstreichen, die den zentralen Gedanken, die Antwort auf eine wichtige Frage usw. enthalten.

Wenn man Teile eines Textes unterstreicht, gestaltet man ihn gewissermaßen neu. Man hebt bestimmte Punkte hervor, die besonders wichtig erscheinen, und lässt andere zurücktreten. Man zeigt auch Zusammenhänge zwischen bestimmten Begriffen eines Textes auf. Das alles wird aber nur möglich und sinnvoll, wenn man sparsam markiert. Am besten konzentriert man sich auf das Hervorheben der Schlüsselwörter. Empfehlenswert ist ein „festgelegtes" Markierungssystem: Entweder benutzt man verschiedene Formen des Unterstreichens (Strich, Schlangenlinie usw.) oder verschiedene Farben. So kann man schon beim Unterstreichen erste Zuordnungen vornehmen.

5.2 Auswerten eines Zeitungsartikels

Gerade bei aktuellen, aber auch bei historisch oder gesellschaftswissenschaftlich ausgerichteten Themen wird man auch auf Quellen zurückgreifen müssen, die noch nicht aufbereitet sind: Quellen, die den Medien (Zeitung, Fernsehen, Hörfunk) entnommen sind und ursprünglich anderen Zwecken dienten. So können beispielsweise Berichte über verschiedene Sportveranstaltungen in einem bestimmten Jahr als Quellen benutzt werden, um Aussagen über die Art und Weise der Freizeitgestaltung in einer bestimmten Zeit zu machen.

Beispiel Im Rahmen eines Referats zum Thema *Fernwärme – eine Alternative zum Heizen mit Gas oder Öl?* stieß die Autorin auf folgenden Zeitungstext:

Fernwärme –
eine bequeme Alternative

(bs). – Fernwärme ist eine Möglichkeit zur Einsparung von Brennstoff durch eine Kraft-Wärme-Kopplung. In Speyer gibt es seit über 30 Jahren Fernwärme: Das Heizkraftwerk ging 1967 in Betrieb. 1997 lag die Fernwärmeabgabe bei 45 856 MWh. Das Leitungsnetz wurde auf 9 377 m ausgebaut. Unter dem wirtschaftlichen Aspekt ist es das erklärte Ziel der Stadtwerke Speyer, mit möglichst wenig Netz, möglichst viele Kunden zu versorgen.

„Fernwärme ist eine Möglichkeit der Wärmeerzeugung und Warmwasserbereitung mit einem zentralen Wärmeerzeuger", unserem Heizkraftwerk. Dort wird Wasser in großen Mengen erhitzt und dann in Rohren zu den entsprechenden Gebäuden transportiert. Im Winter beträgt die so genannte Vorlauftemperatur 120 °C, im Sommer sind es 70 °C. Im Gebäude wird dann die Wärme des Wassers an den Wärmeaustauscher, eine Station im Haus, abgegeben. So wird das Hauswasser, das sich in einem getrennten Kreislauf befindet, erwärmt", erläutert Wolfram Jilg, Technischer Leiter der Stadtwerke Speyer.

Das Heizkraftwerk versorgt einen Bezirk im Südwesten der Stadt – zwischen B9, Woogbach, Speyerbach und Eisenbahnlinie – mit Wärme. Im Laufe der Jahre wurde der Kundenstamm immer mehr erweitert. Heute zählt man 109 Fernwärmekunden, zu denen vor allem große Einrichtungen wie die LVA, das Vincentius-Krankenhaus, Friedrich-Magnus-Schwerd- und Hans-Purrmann-Gymnasium und die Verwaltungshochschule, aber auch einige

Mehr- und Einfamilienhäuser sowie als neuestes Projekt das Wohngebiet Storchenpark in der Oberen Langgasse gehören.

Doch ist die Fernwärmeversorgung nicht auf diesen Bereich beschränkt: „Wenn in einer anderen Gegend genug Interessenten zusammenkommen, sind wir von den Stadtwerken gerne bereit, Nahwärmeinseln einzurichten, mit denen ein Bereich dann dezentral ohne Verbindung zum Heizkraftwerk versorgt wird", hofft Wolfgang Bühring, Geschäftsführer der Stadtwerke Speyer auf neue Kunden.

Die Cité de France, in der neuer verfügbarer Wohnraum entsteht, soll nach dem Willen von Investor Gewo auch an das Fernwärmenetz angeschlossen werden. Hier fällt in Kürze die Entscheidung über einen Anschluss an das Heizkraftwerk oder die Installation einer Nahwärmeinsel.

„Der große Vorteil der Fernwärme ist ökologisch zu sehen: Die Wärmeerzeugung erfolgt zentral. Als Koppelprozess wird gleichzeitig Strom erzeugt. So kann die Energie wesentlich besser ausgenutzt werden und es entsteht ein erheblich geringerer Kohlendioxid-Ausstoß", so Bühring weiter. „Wenn man einen Vollkostenvergleich anstellt, sind wir zu anderen Heizungsarten wie Öl und Gas voll konkurrenzfähig. Außerdem steht dem Kunden als riesiger Vorteil eine Rundum-Dienstleistung zur Verfügung. Er muss sich um nichts mehr kümmern. Wir setzen auch in Zukunft bei der Vermarktung der Fernwärme auf hohe Zuverlässigkeit und Komfort."

———— Daten + Fakten

-·-·-·-·-·- Vergangenheit

--------- Zukunftsperspektiven

- Bei der Auswertung des Berichts konzentriert man sich zunächst auf die **Daten und Fakten**, die man dem Bericht entnehmen kann, und markiert die entsprechenden Stellen.
- Davon ausgehend wird man auf die **Vergangenheit** verwiesen. Auch diese Stellen werden hervorgehoben.
- An der einen oder anderen Stelle tauchen auch **Zukunftsperspektiven** auf. Sie werden ebenfalls markiert.
- Beim Versuch, die nun gewonnenen Daten genauer zu beschreiben, ergeben sich **neue Fragen**. Diese Fragen werden formuliert und mithilfe anderer Texte weiter geklärt.

Auch hier wird deutlich: Der Text kann bestenfalls im Anhang der Arbeit erscheinen. Einzelne Daten und Fakten können ihm entnommen werden, sie müssen aber unter Umständen noch genauer überprüft werden. Das wichtigste Resultat der Arbeit am konkreten Text ist neben der Gewinnung neuer Daten die Entwicklung weiter reichender Fragen.

5.3 Auswerten von Geschichtsquellen

Im Fach Geschichte kommt eine Vielzahl von Quellen verschiedenster Art für das Arbeiten infrage. Eigentlich kann alles, was irgendwann einmal von Menschenhand hergestellt wurde, zur „Geschichtsquelle" werden, insofern es über die Lebenszusammenhänge in einer bestimmten Zeit Auskunft gibt. Die im letzten Kapitel dieses Buches wiedergegebene Arbeit lässt erkennen, wie vielfältig die Quellen sein können, auf die man zurückgreifen kann. Infrage kommen z. B.

- Urkunden und Gesetzestexte,
- archivalisch erfasste Quellen (Zeitungstexte, Verwaltungsakten ...),
- Biografien, Autobiografien,
- Zeitzeugen, Augenzeugenberichte usw.,
- Bauwerke, künstlerische Produkte.

Wir wollen uns hier darauf beschränken, Grundregeln für das Auswerten von Quellen zusammenzustellen und anhand eines Beispiels vorzuführen:

1. Erfassen Sie genau, was Sie auswerten wollen.
   - Beschreiben Sie Material, Aussehen usw. des Gegenstandes.
   - Beschreiben Sie, was das Bild, die Plastik usw. darstellt.
   - Beschreiben Sie den exakten Inhalt des Textes, den Sie auswerten wollen.

2. Beschreiben Sie den ursprünglichen Verwendungszusammenhang dessen, was Sie auswerten wollen.
   - Wozu wurde der Gegenstand ursprünglich verwendet?
   - Handelt es sich um einen Kult- oder um einen Gebrauchsgegenstand?
   - Welches technische Know-how repräsentiert er?
   - Um welche Art von Text handelt es sich (Urkunde, Vertrag, Brief, Gebet, Lied, Gedicht, Roman usw.)?
   - In welcher Situation entstand der Text?
   - Was wurde durch ihn geregelt?
   - An wen richtete er sich ursprünglich?
   - Was wurde mit ihm beabsichtigt?

3. Markieren Sie die Teile, die Sie interessieren (bei einem Gegenstand: Heben Sie den Aspekt, der Sie besonders interessiert, deutlich hervor).

4. Binden Sie die Teile, die Sie hervorgehoben haben, in Ihren (Problem-)Zusammenhang ein. Beachten Sie dabei aber vor allem: Die ursprüngliche Bedeutung darf nicht verfälscht werden. Gegebenenfalls müssen Sie den ursprünglichen Zusammenhang ebenfalls erläutern.

Beispiel Vorgegebenes Thema: *Die rechtliche Situation der Bauern zur Zeit der Bauernkriege.* Dem Autor der Facharbeit steht unter vielen anderen Quellen ein „Weistum" zur Verfügung, das er auswerten möchte. Dazu muss er zunächst das handschriftlich überlieferte Weistum transkribieren, da sonst die Problematik des Lesens alle weiteren Arbeiten zu stark hemmen würde.

Hier der (transkribierte) Text des Weistums:

Volgericht zu Leimersheim, gehalten und besessen durch mich Melchior Reuss von Almssheim probst zu Herdt, was mir und dem stieft vor herligkeit zustendig sei, actum uf dinstag nach trium anno 40 jar.

§.1. Zum ersten, item so weist das gericht, das von allen iren alten herkommen ist ein probst zu Herdt, here, faugt, zwing und banne, alle unfell, frevel, einung und wasz das ist. §.2. Item unserm gnedigsten herrn Pfalzgraven weisen si diep und diepstal zu. §.3. Item, wasz meins herren probsts schütz findt bernholz hauen, ist meins (meins) heren allein, und der gemein nit (anno 40 jar.) §.4. Von aus (zs) tenden. Und wasz er findt von aus (sz) tendern, ist halb meins heren und das ander halb theil der gemein. nota, aus (zs) tend ist wasz auszhalb der gemark daheim und einweg brech. §.5. Item diese mark des stiefts eigenthum und den armen ein richtig almunde. §.6. Item weisen sie, das mein here der probst kein verbot hab zu machen uber ire almud an die gemein, auch die gemein nit on mein hern den probst. §.7. Item weisen sie ein fuszpfad umb und umb das dorf. §.8. Item weisen sie ein fuszpfad die Weierbach uffen und die ander seit wider ab. §.9. Item, wo meins heren probsts vieh zum weidgang hin get, hat unsers recht nochzugen, doch uf die almud. §.10. Item, ob gott der almechtig uns mit öpfel oder biern berit in dem wald, und mein here probst aller hartest verbott, dannoch so hat ein iglicher gemeinsmann macht und recht ein kubel voll zu holen, soll sie weder schwingen noch schütteln bi 5 ß Pf. §.11. Item darnach soll kein gemeinsmann kein sau kaufen nach sant Jergen tag, anders dann zu fasselviehe, so ver er keins hat. §.12. Item, ob eckern wurd, und etlicher gemeinsman kein sau het den wald zu beschlagen, so hat er macht und recht dri daruf zu kaufen oder zu bestellen. §.13. Item, ob imants bauens not wer, und bauen wolt, der soll zu einem meister gon, so das er ein zimermann mit im hab, so soll man ims holz geben, so ver er not wer und bescheid des zimermans. §.14. Item, ob es wer das der imen der das holz bedorft zu einem meister kome, und der meister nit thun wolt, so soll er mein herren probst besuchen und an im fordern. will mein her das nit thun, so soll er das der gemein am suntag vorhalten und rot von in nemen, darnoch soll er den zimerman mit ime hemen und holz hauen nach noturft, das will mein her probst nit nochlassen. §.15. Item, ob iman ein alten beu hett, und vermeint ime ein schaden entston, begert holz. so soll man ime ein stück oder vier geben nach notturft, so ver das nit groszer schaden davon enste. §.16. Item, ob iman wer der holz zu einem pflug oder karch bedorft, der soll gen zu einem meister und ime heiszen geben, das soll er bescheiden und zu einem wagner lassen füren und lossen machen nach seiner notturft wo hin er will, effentlich. §.17.

Item, wann er das obgenant holz unden uf den karch legen, das uberholz daruf, das mag er effentlich thun. §.18. Item, wan unser lieben frauen tag, genannt Herdermesz, für kumpt, so hat macht ein jeder gemeinsmann ein tag strauszel zu machen in dem bruch. §.19. Item nach sant Michels tag mag der arm mann etwas gewinnen von hau oder strauszel uf der gemein, das hat er recht und macht uf der almus. §.20. Item, ob es von birn oder epfel nach sant Michels im wald wer, mag ein jeder gemeinsman ime abmachen, ob er will. §.21. Item, ob im jungholz die gemein birn, epfel oder eucheln umb mein heren kauften nach Michahelis, mag er die gemein in verbot legen mit meind heren willen. §.22. Item, ob imant si stathaftig wer und funfzig sau in seinem hof zuge, so mag er sie in den walt schlagen, so ver uns got mit eucheln berit. §.23. Item, ob imant wer der ein sau het die bescheliget wer, oder aber jungen het, so hat ein iglicher dem solches gesche recht ein dreuling eucheln in unserm wald zu leszen und effentlich heim dragen, so ver eucheln werden. §.24. Item, ob es eucheln wurden oder obs, soll und mag man nach sant Michels tag mit dem sauviehe darin schlagen mit mein herren. §.25. Item, ob aber mein herree darin fure da sant Michels tag, wan das were, so mag der gemein mann auch darinnen schlagen und fahren. §.26. Item, ob es wer das etwasz ab zu brechen were mit wasser, weld oder weid, was das wer, mag man verkuffen meinem heren das halb theil und der gemein das ander halb theil, sover si beiderseits zu redt werden. §.27. Item, ob etwasz vom Rein oder wind zuriessen und verfelt wurd, mag ein jeder gemeinsmann mit nutz uf machen. §.28. Item, ob imant sin einung wagen wolt im walt von holz, so er dann bauet, so ruft er, so er dann lehet, so beidt er, und wan er von der waltstat kumpt so ver ein axt dahin werfen mag, und darnach ist er entfaren. §.29. Item, ob es wer in den Reinsnoten, und gewesser wer, und einer holz hauet darzu der schütz nit komen mocht, so ver er ausz den bannzeunen ist, sol in der schütz rügen, und wan er herein kempt das dorf, so soll er im entfaren sin. §.30. Item, ob einer wolt uf der richtigen almud ein bewe machen zu der bech, sol er die machen, das er die mag boreichen mit einem garn oder mit zweien fürlaufen. §.31. Item, von einem heren weiher an ein ofgen loch zehen schue weit ongeferlich bis z oben usz, bis unser mark ein end, da soll meins heren vischer, wan ein wasser ist das er schwebs gefaren mag, und ein kubel reusz in sein schieff, und wo in etwas erret, so soll er ein hep hau oder woffen, und soll es dannen hauen, das er wol gefaren mag. §.32. Item soll keiner für sant Michels tag uf der almud in der bech lewen, besunder uf den nesten tag darnach noch der sunen ufgang bisz sant Jergen tag soll er es wieder heraus thun. §.33. Item, ob einer einen grunen stumpf uszhuwe, er soll gerügt werden vor 3 Pfund Pf. [...]

Ein Weistum regelte im Mittelalter die Rechtsverhältnisse eines Dorfes. Ursprünglich wurde es jährlich mündlich vorgetragen. Dadurch wurde immer wieder in Erinnerung gerufen, wem welche Rechte zustanden. Da aber die Herrschaftsverhältnisse im 15. und 16. Jahrhundert ständig wechselten, begann man, die angestammten Rechte schriftlich zu fixieren, um sich gegen die Willkür möglicher neuer Herren zu schützen.

- Zunächst werden im Text die Stellen unterschiedlich markiert, in denen von Bauern einerseits und von Herren andererseits die Rede ist.
- Dann werden die Teile hervorgehoben, in denen es um die Rechte der Bauern geht. Hierbei werden einzelne Begriffe (so z. B. Allmend) besonders wichtig. Sie müssen u. U. mithilfe eines Wörterbuchs geklärt werden.
- Schließlich wird zwischen den Rechten der Armen und den Rechten der übrigen Bauern zu unterscheiden sein.

5.4 Der Versuch in den naturwissenschaftlichen Fächern

Es kann nicht Aufgabe einer Facharbeit sein, naturwissenschaftliches Neuland zu betreten. Andererseits wäre es ebenso wenig sinnvoll, gewissermaßen das Rad neu zu erfinden. Es kann aber sehr wohl von Interesse sein, anhand einschlägiger Experimente – um im Bild zu bleiben – die Vorteile, die Gesetze des Funktionierens und die Einsatzmöglichkeiten des Rades zu demonstrieren. Eine solche Arbeit verlangt einerseits einen gewissen Überblick über den Stand der Forschung, zum anderen aber auch ein gewisses Maß an „experimenteller Fantasie". Außerdem braucht man naturwissenschaftliches Know-how, das es erlaubt, abstrakte Erkenntnisse aufzuarbeiten und in konkreten Experimenten nachzuvollziehen. In einigen Bereichen der Biologie und der Verhaltensforschung scheint der „Neuigkeitsgrad" der durchzuführenden Experimente etwas höher zu sein. Das Verhältnis von fachwissenschaftlicher Fundierung und Experiment stellt sich aber im Grunde nicht anders dar als in den übrigen naturwissenschaftlichen Fächern.

Wenden wir uns nun dem Versuch zu und halten wir fest, welche **Regeln** zu beachten sind. (Sie können die einzelnen Ratschläge anhand des im Anhang abgedruckten Beispiels aus der Chemie nachvollziehen!)

1. Beschreiben Sie die Zusammenhänge, in denen der Versuch zu sehen ist.
   - Welches ist der „allgemeine Hintergrund", in den der Versuch gehört?
   - Welches Ziel verfolgt der Versuch?

- Welche Frage stellt er sich? (Grundmuster: *Was geschieht, wenn …; Wie kann man erreichen, dass …; Wie lässt sich feststellen, ob …?*)
- Beschreiben Sie die Grundvoraussetzungen bei Versuchsbeginn.

2. Beschreiben Sie die Versuchsanordnung. Ein Versuch stellt immer ein „Modell von Wirklichkeit" dar. Er sieht also von vielen Dingen ab, um wenige Dinge besonders klar und kontrolliert überprüfen zu können. Deshalb ist es wichtig, dass Sie sich genau klar machen, was Ihr Versuch angesichts der gegebenen Versuchsanordnung erfassen kann und was nicht. Aus diesem Grund müssen Sie die Versuchsanordnung, d. h. alles, was an dem Versuch beteiligt ist (sowohl die Stoffe als auch die Geräte), möglichst exakt darstellen. Stellen Sie auch heraus, was nicht erfasst werden soll bzw. kann. (Beachten Sie in diesem Zusammenhang die im Anhang abgedruckte Arbeit aus dem Fach Physik, wo Sie eine sehr präzise Darstellung der Versuchsanordnung und -bedingungen finden.)

3. Beschreiben Sie genau den Versuchsablauf. Wenn Sie Versuchsreihen durchführen, werden Sie am besten Versuchsprotokolle anfertigen oder aber Tabellen anlegen, in die Sie die jeweiligen Versuchsergebnisse eintragen.

4. Stellen Sie die Ergebnisse der Einzelversuche dar und fassen Sie das Ergebnis der Versuchsreihe zusammen. Hierzu können Sie sich eines Schaubilds, einer Statistik, eines Diagramms oder einer Tabelle bedienen. (Die Arbeit aus dem Fach Chemie liefert Ihnen hierfür ein gutes Beispiel!)

5. Wichtige Aspekte werden Sie aber auch sprachlich darstellen.

6. Versuchen Sie, im Rahmen der Fragestellung eine Interpretation der Versuchsergebnisse zu formulieren. Auf ein ausführliches Beispiel können wir an dieser Stelle verzichten, da die Facharbeit zum Franck-Hertz-Versuch (siehe Anhang) diese Verfahren exemplarisch vorführt.

5.5 Auswerten von Statistiken und Schaubildern

Tabellen, Schaubilder, Diagramme, statistische Zusammenstellungen usw. können wichtige Teile des Anhangs einer Arbeit sein. Als Anschauungsmaterial sind sie unersetzlich. Die genannten Materialien stellen so etwas wie „Destillate" aus der Wirklichkeit dar: Der Einzelfall tritt hinter den „Durchschnittswert" zurück. Will man nun in der Statistik die Wirklichkeit erkennen, so muss man den „Destillationsprozess" zurückverfolgen. Das heißt nun nicht, dass die Daten, die das Material anbietet, verändert werden sollen. Aber sie müssen in Sprache gefasst werden, d. h. die Beziehungen zwischen den einzelnen Gesichtspunkten, Gruppen von Daten und Einzeldaten müssen herausgearbeitet und sprachlich dargestellt werden.

Eine Statistik gibt sich immer „objektiv". Sie stellt aber im Grunde bereits eine Auswahl einzelner Aspekte dar und legt dem Leser eine bestimmte Schwerpunktsetzung nahe. Will man eine Statistik in einen Argumentationszusammenhang einbringen, so müssen sowohl ihre Aspekte als auch ihre Ergebnisse in Sprache umgesetzt werden. Schaubilder und Diagramme kann man als „Teilveranschaulichungen" von statistischem Material verstehen. Das Datenmaterial, das eine Statistik anbietet, wird gewissermaßen in Bilder und Bildbezüge umgesetzt. Aufgrund ihrer Anschaulichkeit wirken solche Schaubilder dann unmittelbar einsichtig. Man könnte annehmen, sie bedürften keiner weiteren Erklärung. Allerdings gilt auch für solche Veranschaulichungen, was für das Ausgangsmaterial schon gesagt wurde: Sollen sie in eine Beweiskette eingebracht werden, so muss man sie versprachlichen, ihre tatsächlichen Inhalte benennen und die Zusammenhänge herausstellen.

Bei der Auswertung von statistischem Material, wie es meist in Form einer Tabelle mit Spalten (vertikal) und Zeilen (horizontal) vorliegt, wird man sich an folgenden Punkten orientieren:

1. Was ist das Thema der Statistik?
2. Welche Aspekte wurden erfasst? Vielleicht wird man hier auch schon nach den Aspekten fragen, die die Statistik nicht erfasst. Wichtig ist, dass das Thema und die Zielrichtung und damit auch die Ausschnitthaftigkeit der einzelnen Aspekte ins Bewusstsein gerückt werden.
3. Was lassen die vertikalen Spalten erkennen? Welche Informationen enthalten sie über die Einzelbereiche?
4. Was enthalten die horizontalen Zeilen? Was kann man bei ersten Vergleichen der einzelnen Aspekte punktuell erkennen?
5. Die jeweiligen Extremwerte (Maxima und Minima) sowie weitere Auffälligkeiten werden hervorgehoben (auch eine Konstanz ohne Extremwerte kann z. B. auffällig sein!).
6. Die wichtigsten Ergebnisse werden zusammengefasst.
7. Welche Ursachen sind zu vermuten? Welche Folgerungen ergeben sich?

Bei der Auswertung eines Diagramms ist folgende Unterscheidung nützlich: Säulen- bzw. Kuchendiagramme geben Zustände, Verhältnisse, also eher Statisches wieder. Kurven stellen eher Entwicklungen, Verläufe in der Zeit usw., also dynamische Aspekte dar.

Man wird bei der Auswertung in der Regel so vorgehen:
1. Welche Thematik wird dargestellt?
2. Was fällt besonders ins Auge? Welche Extremwerte sind „auf den ersten Blick" erkennbar? Gibt es Parallelen, Gegensätze usw.?
3. Lassen sich Entwicklungen erkennen? Gibt es ein auffälliges Ansteigen oder Absinken im Verlauf einer Kurve?
4. Welche Folgerungen werden nahe gelegt? Welche Resultate ergeben sich aus den Vergleichen? Gibt es Vermutungen zu den Ursachen der Entwicklungen? Gibt es mögliche Prognosen?

Bei der Versprachlichung könnte man sich etwa folgender Sprachmuster bedienen: *Das Diagramm stellt ... dar. Dabei wird ... erfasst und vergleichend nebeneinander gestellt: Während im Jahr ..., ist im Jahr ... bereits eine Steigerung von ... eingetreten. Der Vergleich lässt erkennen ... Man kann mit einigem Recht vermuten, dass ... Für die Zukunft steht zu erwarten, dass ...*

Werden zwei Kurven nebeneinander dargestellt, so sind Vergleiche besonders augenfällig durchzuführen. In einem solchen Fall liegen folgende Fragen nahe:
1. Was lässt der Verlauf der beiden Kurven erkennen?
   * Beschreibung der beiden Kurven
   * Beschreibung der „allgemeinen Tendenz"
   * Beschreibung auffälliger Abweichungen
2. Welche Folgerungen ergeben sich? Ist ein Zusammenhang vorhanden? Gibt es gegenseitige Beeinflussungen? Gibt es gemeinsame Ursachen mit gegenteiligen Auswirkungen?
3. Kann man bestimmte Erwartungen für die Zukunft ableiten?

Besondere Vorsicht ist bei so genannten statistischen Durchschnitts- oder Mittelwerten geboten. Nur in den seltensten Fällen treffen diese Mittelwerte die Wirklichkeit. Wenn es darum geht, einen Durchschnittswert zu errechnen und in die Argumentation einzubringen, sollte man also überlegen, ob ein solcher Mittelwert der allgemeinen Problemstellung bzw. dem Teilproblem, das man gerade bearbeitet, angemessen ist. Beispiel: Bei der Untersuchung des Zusammenhangs zwischen den klimatischen Bedingungen und der Konzentration auf Sonderkulturen in der vorderpfälzischen Landwirtschaft spielen zwar die Durchschnittstemperaturen eine wichtige Rolle. Nicht minder wichtig sind aber die Extremwerte im Frühjahr, besonders angesichts der Gefährdung mancher Kulturen durch Nachtfröste. Da helfen dann alle Mittelwerte nichts: Ein Nachtfrost, und die Ernte ist vernichtet.

6 Sammeln – Sichten – Ordnen

Vielleicht gehören Sie zu denen, für die die vom Lehrer beim Aufsatz immer wieder geforderte Gliederung eine lästige, überflüssige Angelegenheit ist. Spätestens bei der Arbeit für ein Referat oder eine Facharbeit aber werden Sie Ihre Meinung wohl ändern müssen, wenn Sie nicht im Chaos des angehäuften Stoffes versinken wollen. Es ist wenig sinnvoll und zweckmäßig, zunächst einmal einfach nur Stoff zu sammeln und anzuhäufen. Solche „Haufen" entmutigen am Ende nur oder sie kosten eine Unmenge Zeit, wenn man etwas Bestimmtes sucht.

6.1 Den Stoff Stichwörtern zuordnen

Zu Beginn der Arbeit hat man meist noch kein komplettes Gliederungsschema parat, in das man das jeweils gefundene Material einordnen könnte. Schließlich ist ein Überblick über das darzustellende Gebiet die wichtigste Voraussetzung für das Erstellen einer sachgerechten Gliederung. Man kann aber schon beim Sammeln des Stoffes das Anfallende so aufbereiten, dass es leicht eingeordnet, neu geordnet oder verschoben werden kann. Dabei ist es empfehlenswert, die jeweiligen Notizen in Sinngruppen zusammengefasst auf einzelne Karteikarten zu schreiben. Natürlich werden hierfür zunächst Zitate, Exzerpte und dergleichen infrage kommen. Aber auch Gedanken, Ideen und Überlegungen sollte man notieren, wobei man für jede Idee, jeden Gedanken und jedes Zitat eine eigene Karte reservieren sollte. Auf diesen Karten sollte man zum einen den eigentlichen Stoff aufnehmen, zum anderen aber auch ein Schlagwort suchen, das den gesammelten Stoff am besten bezeichnet und es gleichzeitig erlaubt, den Stoff „begrifflich" zu handhaben, ihn also zu ordnen bzw. zuzuordnen. Es wäre sogar sinnvoll, weiteren Raum für einen möglichen übergeordneten (Ordnungs-)Gesichtspunkt vorzusehen, der sich später vielleicht bei der Zusammenfassung mehrerer Einzelaspekte ergeben könnte. Bei Zitaten versteht es sich von selbst, dass man auch bibliographische Angaben festhält. Aus Platz- und Zeitgründen sollte man hier aber Abkürzungen benutzen, wobei man parallel ein Verzeichnis der Abkürzungen anlegt.

6.2 Allmählicher Aufbau einer Gliederung

Schon beim ersten informierenden Lesen, bei der Orientierung in Handbüchern und Standardwerken ergeben sich wichtige übergeordnete Gesichtspunkte, die man sich notieren sollte, um so mit dem Erstellen einer Übersichtsgliederung zu beginnen. Natürlich wird man zunächst noch nicht nach übergeordneten und untergeordneten Gesichtspunkten unterscheiden und ordnen, aber es werden sich einzelne wichtige Schlagwörter ergeben, die es erlauben, dem vorläufig diffusen Bereich ein erstes Profil zu geben und erste weiterführende Fragen, „Suchaufträge" usw. zu formulieren. Je nach Arbeitsstil wird man diese Gesichtspunkte als Ordnungshilfen festhalten, sei es auf einer Pinnwand, sei es in einem Karteikasten oder in einem Heftordner. Im Verlauf der Material- und Stoffsammlung ergeben sich nun mehr und mehr Stichwörter, die als Gliederungsaspekte benutzt werden können. Deshalb sollte man schon früh damit beginnen, ein Verzeichnis dieser Schlag- bzw. Stichwörter anzulegen und sie den übergeordneten Gesichtspunkten sinnvoll zuzuordnen. Man erhält so recht früh ein einsichtiges Gliederungsskelett, das im Laufe des Arbeitens wächst und dabei immer differenzierter wird. Wenn man die einzelnen Teile immer auf Zetteln bereithält, ist man flexibel genug, um bei Bedarf auch ohne größeren Aufwand einzelne Teile umzustellen.

Da also während der Arbeit mit der Sekundärliteratur mehr und mehr Schlagwörter und Gesichtspunkte zusammenkommen, die in eine Gliederung überführt werden können, ergibt sich eine stetig wachsende Sammlung, die allerdings immer wieder im Überblick betrachtet werden sollte. Bei einem solchen vergleichenden Überblick können sich verschiedene Einsichten ergeben: Zum einen wird man feststellen, wo noch Lücken in der Darstellung sind, d. h. man wird diejenigen Stellen erkennen, an denen noch Informationen, Gedankenübergänge usw. fehlen, wo also noch weiter nachgedacht werden muss. Zum anderen wird man sehen, was zusammengehört, was sich unter einem übergeordneten Gesichtspunkt zusammenfassen lässt, was sich woraus ergibt, was als Erstes, was als Zweites dargestellt werden muss. Damit ergibt sich dann fast von selbst eine sachorientierte Ordnung, die auch Lücken und Sprünge rechtzeitig erkennbar macht. Natürlich darf eine solche allmählich wachsende Gliederung nicht als starres Korsett angesehen werden. Sie lässt sich vielmehr immer wieder umstellen, ganz dem jeweiligen Stand der Erkenntnis entsprechend. Man sollte sich auch nicht scheuen, einmal einen ganzen Punkt zu streichen – allerdings sollte man ihn nicht gleich ganz wegwerfen, denn vielleicht kommt man nochmals auf ihn zurück!

Am Ende des Sammelns von Material sollte eine weitgehend ausgearbeitete Gliederung stehen. Diese Gliederung wird man nochmals überarbeiten und dabei besonders darauf achten,

- dass von jedem Punkt aus über die jeweils übergeordneten Punkte ein direkter Weg zum Gesamtthema führt. Ist eine solche direkte Verbindung nicht möglich, so sollte man besser auf den Punkt verzichten. Er führt vom Thema weg!
- dass die Punkte gleicher Ebene auch etwa gleich gewichtet sind (dass also nicht der Punkt 3.4.1 mehr Gewicht erhält als der Punkt 3.2);
- dass, wer „A" sagt, auch „B" sagen muss, d. h. dass ein übergeordneter Gesichtspunkt immer mehr als einen untergeordneten Gesichtspunkt enthalten muss;
- dass die Formulierung des Gliederungspunktes bzw. die jeweilige Überschrift auch das Zentrum des Abschnitts bezeichnet, den sie vertritt: Es sollte also nicht irgendeine Nebensächlichkeit als Gliederungspunkt fungieren, während im Abschnitt selbst etwas anderes ausgeführt werden soll.

Im Rahmen der fertigen Arbeit soll die Gliederung dem Leser später eine wichtige Orientierungshilfe sein. Entsprechend muss man sie aufbauen. Den Hauptgedanken sollen auch Hauptkapitel gewidmet werden. Das bedeutet auch: Wichtiges darf nicht nur in der Einleitung oder in der Schlusszusammenfassung auftauchen.

Die Facharbeit

1 Arbeitsplan – Phasen des Arbeitens

Wahrscheinlich haben Sie wie jeder Mensch einen eigenen Arbeitsrhythmus und sicherlich haben sich auch bei Ihnen ganz bestimmte Arbeitsgewohnheiten herausgebildet. Bestimmt fällt es auch Ihnen nicht leicht, sich nach dem Arbeitsrhythmus eines anderen zu richten, Ihre Zeit entsprechend den Plänen eines anderen einzuteilen usw. So ist es immer etwas riskant, einen Arbeitsplan vorzuschlagen, an den sich viele Menschen mit ganz verschiedenen Arbeitsgewohnheiten halten sollen. Wir vermeiden es daher auch, feste Zeitvorgaben zu machen, da wir nicht zu sehr in den Arbeitsrhythmus des Einzelnen eingreifen wollen und darüber hinaus der Meinung sind, dass sich am Ende der Zeitplan ohnehin von selbst regelt. Der eine wird frühzeitig fertig, der andere gerät immer gegen Ende unter Druck. (Das würde sich auch mit einem genauen Zeitplan nicht ändern.) Trotzdem riskieren wir es, einige Ratschläge zu geben, die Sie beherzigen sollten. Diese „Ratschläge" sollten Sie weniger als festes „Korsett" verstehen, das Ihre Arbeit stunden- und tageweise festlegt. Sie sollen vielmehr zeigen, in welchen „Phasen" die Arbeit zweckmäßigerweise ablaufen sollte. Am besten schauen Sie sich die folgenden „Phasen des Arbeitens" einmal an und notieren sich Kalendertermine, bis zu denen Sie die jeweilige Phase abgeschlossen haben möchten.

Einen Termin jedenfalls sollten Sie sich unbedingt vormerken: den der Abgabe der Arbeit. Drei Tage vorher sollte die Arbeit spätestens so weit fertig sein, dass Sie noch genügend Zeit für eine letzte Rechtschreib- und Zeichensetzungskorrektur haben.

Die Arbeitsphasen

Vorlauf
Ehe Sie sich ernsthaft und verbindlich auf eine Facharbeit einlassen, empfehlen wir Ihnen,
- Überlegungen zu einer Sie interessierenden Thematik anzustellen,
- Informationen über die konkreten, an Ihrer Schule üblichen Bedingungen einzuholen,
- ein Vorgespräch mit dem betreuenden Fachlehrer zu führen.

Erste Phase
Wenn es ernst wird, sollte Folgendes geschehen:
- Der Themenbereich wird festgelegt.
- Erster Stoff wird zusammengetragen.
- Zentrale Begriffe werden fachgerecht abgeklärt.

- Handbücher und Fachlexika werden eingesehen.
- Erste Sekundärliteratur wird gesammelt und gesichtet.
- Weiterer Stoff wird gesammelt und in Ansätzen gesichtet.
- Verschiedene Bearbeitungsaspekte werden geprüft (im naturwissenschaftlichen Bereich u. U. verschiedene Experimentalkonzepte).
- Erste Überlegungen zu möglichen Teilaspekten des Themenbereichs werden angestellt („Vorüberlegungen" zu einer möglichen Stoffstrukturierung).
- Daraus werden erste Ideen zu einer möglichen Stoffgliederung abgeleitet. Den Abschluss der ersten Phase sollte ein Gespräch mit dem betreuenden Lehrer bilden.

Zweite Phase
Im ersten Teil dieser Phase erfolgt eine **präzise Ausarbeitung der einzelnen Aspekte**. Dabei gilt für jeden Aspekt:
- Das jeweilige Material wird vervollständigt, gesichtet und bewertet.
- Die eigene Argumentation wird ausgearbeitet.
- Die eigenen Gedanken und das eigene Material werden eingeordnet (Versuchs-, Umfrageergebnisse; herausgearbeitete Textbefunde usw.).
- Der Teilkomplex wird sinnvoll untergliedert bzw. aufgebaut.

Im zweiten Teil werden die **einzelnen Arbeits- und Problemaspekte in einen sachgerechten und nachvollziehbaren Gesamtzusammenhang gestellt**. Dabei ist zu beachten:
- Ausgangspunkt dieser Anordnung muss die Themenstellung sein.
- Organisierendes Prinzip sind die sachlogischen Zusammenhänge (Fragen: Was ergibt sich woraus? Was führt wozu? Was hängt womit und wie zusammen?).
- Zielpunkt ist die Profilierung der zentralen eigenen Erkenntnis bzw. Meinung.

Am **Ende dieses Teilarbeitsschrittes sollte eine ausführliche Gliederung stehen**, die sowohl den sachlogischen Aufbau und die Zusammenhänge als auch die zentralen Argumentationen und Argumentationsziele erkennen lässt. Diese Gliederung sollte im Zentrum des zweiten Gesprächs mit dem betreuenden Lehrer stehen. Möglicherweise ergibt sich als Resultat dieses Gesprächs die Notwendigkeit, die Gliederung zu überarbeiten und das gesammelte Material bzw. die Argumentationen zu ergänzen, zu erweitern oder zu kürzen.

Dritte Phase

Ehe man darangeht, den Text der Arbeit auszuarbeiten, sollte man sich noch einmal die Mühe machen, die Gliederung ein letztes Mal durchzugehen und streng von der Problematik des Themas her zu überprüfen. Spätestens jetzt sollten Sie alles streichen, was nicht in direkter Beziehung zum Thema steht.

Bei dieser Überarbeitung werden dann auch die einzelnen **Kapitel und Kapitelüberschriften endgültig festgelegt.** Anschließend wird der fortlaufende Text entworfen. Dabei halten Sie am besten die folgenden Arbeitsschritte ein:

- **Rohentwurf:** Das gesammelte und geordnete Material wird kommentiert und verbunden. Die eigene Argumentation wird deutlich abgehoben(!) ausformuliert.

- **Überarbeitung des Entwurfs:** Sie werden jetzt besonders darauf zu achten haben, dass Wiederholungen vermieden werden. Aber Vorsicht! Manchmal sind Wiederholungen geradezu notwendig, wenn man die Argumentation so gestalten will, dass sie der Leser nachvollziehen kann. Deshalb sollten Sie es schon gelegentlich riskieren, einen Gedanken noch einmal knapp zu wiederholen, wenn sonst der Eindruck des „Gedankensprungs" in der Argumentation entstehen könnte. Grundsätzlich sollten Sie Ihre Argumentation so ausführlich ausarbeiten, dass der Leser Ihren Gedanken ohne allzu viel Mühe folgen kann. Das bedeutet freilich nicht, dass Sie einzelne Aspekte ausufernd „breittreten" sollten. Beachten sollten Sie bei der Überarbeitung auch, dass die logischen Zusammenhänge auch sprachlich dargestellt werden. Deshalb sollten Sie die sprachlichen Verbindungen zwischen einzelnen Argumentationsabschnitten besonders sorgfältig überprüfen und gegebenenfalls ergänzen oder neu formulieren.

- Schließlich werden Sie die **endgültige Fassung** erstellen. Wenn Sie den Rohentwurf bzw. die Überarbeitung schon am Computer angefertigt haben, machen Sie einen Probeausdruck, um das Ganze auf Papier zu lesen und dort die endgültige Fassung auszuarbeiten. Erfahrungsgemäß liest es sich auf Papier immer noch angenehmer und übersichtlicher; besonders Gliederungsaspekte sieht man so schneller. Die korrigierte Endfassung wird dann auf Fehler in der Rechtschreibung und Zeichensetzung hin überprüft.

2 Rat suchen – Rat finden

2.1 Rat suchen bei Fachleuten

Es gibt zwar von Land zu Land, ja sogar von Schule zu Schule verschiedene Gepflogenheiten und manchmal auch Vorschriften, was den Umfang, die Art und Weise des Arbeitens, die Themenstellung und auch das Anspruchsniveau einer Facharbeit insgesamt betrifft. Überall aber ist es üblich, dass ein Lehrer die letzte Entscheidung über das Thema fällt und auch als beratender Lehrer zuständig ist. Zwar sind von Land zu Land unterschiedlich viele Beratungsgespräche oder Kolloquien vorgesehen, doch gibt es überall die Möglichkeit, bei einem die Arbeit betreuenden Lehrer Hilfe zu suchen. Deshalb sollte man sich nicht scheuen, mehrmals mit diesem Lehrer Kontakt aufzunehmen, seinen Rat zu suchen und sich während des Arbeitens gewissermaßen seiner Kontrolle zu unterwerfen. Dabei sind weder Hochstapelei noch ein allzu großes „Understatement" angebracht. Am fruchtbarsten ist es wohl, wenn man ehrlich die eigenen Interessen darstellt, von den Problemen berichtet, mit denen man zu kämpfen hat, und die Fragen stellt, mit deren Beantwortung man nicht so recht weiterkommt. Freilich: Eigene Arbeit können solche Gespräche mit dem betreuenden Lehrer nicht ersetzen. Die Gespräche erfordern vielmehr eine präzise Vorbereitung, wenn sie entscheidend weiterhelfen sollen.

Ob nun an Ihrer Schule eine bestimmte Anzahl von Gesprächen vorgeschrieben oder nur „möglich" ist: Sie sollten dieses Angebot als die wichtigste Chance betrachten, Rat zu finden, und sie auch entsprechend nutzen. Lassen Sie sich nicht von einer vorgeschriebenen Zahl, sondern von sachlichen Notwendigkeiten leiten. Ihr Lehrer wird mit Sicherheit Verständnis zeigen, wenn er merkt, dass es Ihnen mit dem Arbeiten ernst ist.

Gut beraten werden Sie – etwa bei der Suche nach bibliographischen Angaben – durch die geschulten Kräfte gut geführter Bibliotheken. Je nach Aufgabenstellung sollten Sie sich aber auch nicht scheuen, entsprechende „Fachleute" anzusprechen und um Rat zu bitten. So könnte z. B. im Rahmen eines historisch-räumlich begrenzten Themas der Leiter eines Heimatmuseums mit seinem Rat eine unersetzliche Hilfe sein. Voraussetzung ist allerdings immer, dass Sie Ihr Anliegen sachgerecht vortragen und eine präzise Beschreibung des Teilproblems liefern, bei dem Sie gerade nicht weiterkommen und zu dem Sie einen Rat brauchen. Übrigens: Bei der Suche nach Rat sollten Sie nicht zu weit gehen und sich von „Profis" (Studenten usw.) die Arbeit – sagen wir einmal:

„abnehmen" lassen. Zum einen müssen Sie ja am Ende Ihrer Arbeit eine verbindliche Erklärung darüber abgeben, dass Sie ohne fremde Hilfe gearbeitet haben. Zum anderen aber würde Ihr Lehrer den Betrugsversuch wahrscheinlich während der verschiedenen Beratungsgespräche oder auch im Zusammenhang mit einem möglichen „Prüfungskolloquium" nach Abgabe der Arbeit bemerken.

Es hat sich als hilfreich erwiesen, an bestimmten „Punkten" der Bearbeitung eines Problemfeldes ein Beratungsgespräch mit dem betreuenden Lehrer vorzusehen. Am besten wird es sein, wenn Sie bei Ihrer Arbeitsplanung diese Gespräche gewissermaßen als feste „Wegmarkierungen" einkalkulieren. Bei Bedarf können Sie Ihre Planung ja immer noch flexibel handhaben.

2.2 Das erste Gespräch

Ab dem Zeitpunkt, an dem Sie sich mit dem Gedanken an eine Facharbeit näher beschäftigen, sollten Sie **einen Zettel anlegen, auf dem Sie Fragen und Probleme notieren**, die Sie mit dem zuständigen Lehrer besprechen möchten. So werden Sie bereits im ersten Gespräch einige wichtige Fragen zur Sache zu stellen haben. Das sollten Sie auch tun, denn es zeigt dem Lehrer, dass Sie sich ernsthaft mit dem „Problem Facharbeit" beschäftigen, und er wird umso eher bereit sein, Ihnen zu helfen: Schließlich geben Sie ihm ja Gelegenheit, auf gezielte Fragen auch gezielt zu antworten. Das bedeutet auch: Sie sollten im Vorfeld die Notizen bereits ordnen, um im Gespräch geordnet vorgehen zu können. Lassen Sie auf Ihrem Notizzettel Raum für die Antworten, die Sie während des Gesprächs in Stichpunkten festhalten sollten. Verlassen Sie sich also nicht zu sehr auf Ihr Gedächtnis, sondern machen Sie sich während des Gesprächs Notizen und fertigen Sie nach dem Gespräch ein ausführliches Protokoll an, das die Gesprächsergebnisse festhält. Sie sollten mindestens drei Gespräche vorsehen. Entsprechend dem jeweiligen Stand der Überlegungen haben diese Gespräche ganz verschiedene Aufgaben, die hier kurz erläutert werden sollen. Je nach den Gepflogenheiten an Ihrer Schule bezüglich der Themenstellung wird man sich auf verschiedene Art und Weise auf das erste Gespräch vorbereiten.

Erste Möglichkeit: Der Lehrer hat das Thema in „Umrissen" gestellt. Als Vorbereitung auf das erste Gespräch wird man in diesem Fall versuchen, das Thema auszuloten, die Grenzen des Themenbereichs zu erfassen und die wichtigsten Gegenstandsbereiche zu erkunden, zu denen man sich nach Literatur umsehen wird. Im Gespräch selbst wird man sich um eine erste Klärung dieser Probleme bemühen, aber auch um eine Bestätigung der eigenen Vorstellungen von den Grenzen des Arbeitsbereichs.

Zweite Möglichkeit: Der Lehrer hat ein „Rahmenthema" vorgeschlagen, innerhalb dessen man selbst einen Teilbereich als Thema der Facharbeit abgrenzen kann. Zur Vorbereitung eines Gesprächs überlegt man sich, welche Teilbereiche überhaupt infrage kommen könnten, und entscheidet sich für einen dieser Bereiche. Diesen versucht man dann genauer einzugrenzen. Beispiel: Der vorgegebene Rahmen ist „Mensch und Geschichte in der Literatur". Dieser Rahmen lässt eine Vielzahl von Möglichkeiten zu: Eigentlich kommt jeder Literat infrage, der sich „irgendwie" mit historischen oder historisch fundierten Themen beschäftigt hat.

- Erste Eingrenzung: Entscheidung für einen Autor, in unserem Fall etwa: Joseph Roth.
- Zweite Eingrenzung: Auswahl eines besonders gut geeigneten Werks des Autors. In unserem Fall könnte das sein: ‚Radetzkymarsch'.
- Dritte Eingrenzung: Der zu bearbeitende Aspekt muss noch genauer gefasst werden. Möglich wäre z. B.: „Die Einbindung des Menschen in die Geschichte als Problem und Thema von Literatur am Beispiel von Joseph Roths ‚Radetzkymarsch'".

So könnte man nun das Thema vorschlagen. Darüber hinaus sollte man sich auch schon erste Gedanken über mögliche Bearbeitungsaspekte machen. Vielleicht kann man sich sogar schon einzelne Punkte einer ersten Grobgliederung notieren.

Im naturwissenschaftlichen Bereich wird man sich um eine Eingrenzung des jeweiligen Experimentierfeldes kümmern müssen und überlegen: Welche Apparaturen, Stoffe usw. sind notwendig? Selbst wenn man sich für einen Teilaspekt als Thema entschieden hat, sollte man doch einen zweiten Teilaspekt als Alternativvorschlag ins Auge fassen. Dabei wird man wohl den ersten Aspekt im Gespräch favorisieren und hauptsächlich vertreten. Man steht aber im Falle einer Ablehnung nicht ganz ohne Alternativvorschlag da.

Dritte Möglichkeit: Der Lehrer stellt die Wahl eines Themas zunächst einmal frei und erwartet einen Vorschlag. Hier hat man die Chance, die eigenen Interessen und Vorlieben am besten einbringen zu können. Allerdings besteht auch die große Gefahr, ein zu weit gefasstes oder ein zu enges Spezialthema zu wählen. Beides lässt sich im ersten Gespräch verhindern, wenn man

- einen klar abgegrenzten Problemhorizont vorstellt,
- erste Fachliteratur nennt,
- vielleicht auch schon eine mögliche Grobgliederung umreißt
- und erläutert, wie man sich die Bearbeitung der einzelnen Kapitel bzw. thematischen Blöcke vorstellt.

So lässt sich dann im Gespräch eine sinnvolle Festlegung erreichen. Darüber hinaus könnten sogar schon wichtige Hauptgesichtspunkte vorläufig fixiert werden.

Im naturwissenschaftlichen Bereich sollte man schon geklärt haben,

- welche Apparate und Versuchsaufbauten notwendig werden,
- welche Versuchsteile, Felduntersuchungen usw. durchgeführt werden können bzw. müssen,
- welche Genehmigungen notwendig werden,
- welche Hilfen des Lehrers bzw. der Schule jeweils in Anspruch genommen
- und welche Vorschriften (Gefahrstoffverordnung, Unfallverhütung usw.) beachtet werden müssen.

Ganz gleich, welche der drei Möglichkeiten für Sie zutrifft: Das erste Gespräch hat bestimmte Aufgaben, die hier nochmals zusammengestellt werden sollen (je nach Ihrer persönlichen Lage werden Sie den einen oder anderen Gesichtspunkt für sich entsprechend abwandeln müssen).

Sie sollten in diesem Gespräch erkunden, wie flexibel und konzessionsbereit der Lehrer ist. Dazu sollten Sie folgende Punkte beachten:

- Sprechen Sie über den möglichen und den erwarteten Umfang der Arbeit.
- Klären Sie, wie exakt der thematische Rahmen abgegrenzt ist und eingehalten werden muss. Wichtig sind hier vor allem inhaltliche Gesichtspunkte, über die gesprochen werden muss.
- Erkundigen Sie sich, welche Grundsätze bei der Anwendung bestimmter Methoden und Arbeitsweisen gelten sollen (etwa: Müssen bei einer Arbeit aus dem Fach Geschichte die Quellen in der Originalsprache be- und verarbeitet werden? Oder: Wie viele Versuche bzw. Versuchsreihen werden für eine aussagekräftige Folgerung benötigt?).
- Erfragen Sie, welche Gesichtspunkte zu dem vorläufig abgegrenzten Thema gehören.
- Sie sollten das Arbeitsgebiet zusammen mit dem Lehrer so genau eingrenzen, wie das vorläufig ohne allzu große Gängelung möglich ist. Auch wenn Sie einen eigenen Vorschlag unterbreiten können, wäre es sinnvoll, die Grenzen des von Ihnen vorgeschlagenen Themas genauer zu beschreiben. So kann Missverständnissen frühzeitig vorgebeugt werden.

In den meisten Bundesländern ist in den einschlägigen Erlassen von einem „eng begrenzten Sachgebiet" die Rede. Eine solche „enge Begrenzung" ist notwendig, wenn Sie die Arbeit in einem überschaubaren Zeitraum bewältigen wollen. Allerdings: Einen „Rest an Offenheit" wird Ihnen ein vernünftiger Lehrer im ersten Gespräch zu Beginn des Arbeitens schon zugestehen. Sie können ja mit Sätzen wie *Könnte man hier nicht vielleicht auch noch...?* erproben, zu welchen Konzessionen er bereit ist. Andererseits sollte Ihnen aber auch daran gelegen sein, dass Ihnen Ihr Lehrer eine recht präzise Formulierung mitgibt. Wenn Sie es mit einem eng abgegrenzten Teilgebiet zu tun haben, so erfragen Sie den „weiteren Zusammenhang", in dem dieses Teilgebiet zu sehen sein wird. Viele Fragen und vor allem viele Teilprobleme werden so erst durchschaubar und können sinnvoll gelöst werden. Beispiel: „Die Beschreibung und Deutung des Verhaltens eines Kükens in den ersten zwei Lebenswochen". Diese Themenstellung wird erst in einem erweiterten thematischen Rahmen sinnvoll und sachgerecht verstehbar: Es geht um Begriffe wie „Prägung", „genetische Informationen" sowie „Lernen". Das Thema muss diese Begriffe zwar nicht enthalten, es erleichtert Ihnen die Arbeit aber ungemein, wenn Sie wissen, dass sie eine Rolle spielen. So kennen Sie die Richtung, in der Sie suchen, überlegen und arbeiten sollen.

Wenn es bei Ihnen üblich oder möglich ist, dass der Schüler mit einem selbst gewählten Themenbereich zum Lehrer kommt, dann sollten Sie schon beim ersten Gespräch Ihre Vorstellungen so genau wie möglich umreißen. Nur so kann Ihr Lehrer abschätzen, ob Sie sich zu viel oder zu wenig vorgenommen haben. Er kann Sie gezielt unterstützen und auch ein endgültiges Thema formulieren, das Ihren Wünschen entspricht. Beispiel: Sie schlagen als Interessengebiet vor: „Mittelhochdeutsche Literatur und ihre Verarbeitung in modernerer Literatur". Das Gebiet muss eingegrenzt werden auf einen Bereich, den Sie überschauen und auf einen Aspekt, den Sie bearbeiten können. Also wird man Ihnen empfehlen, zwei Werke zu vergleichen. Wenn Sie jetzt schon Autoren oder gar Werke im Auge haben, wird Ihnen Ihr Lehrer kaum etwas anderes vorschlagen. Es wäre jetzt also z. B. möglich, Folgendes vorzuschlagen: „Wolfram von Eschenbachs Parzival im Vergleich mit Richard Wagners Parsifal." Oder Sie schlagen auch noch den genaueren Bearbeitungsaspekt vor, z. B.: „Hartmann von Aue: Gregorius – Thomas Mann: Der Erwählte; Verarbeitung einer mittelhochdeutschen Vorlage als literarisches Mittel."

Im ersten Gespräch sollten auch schon erste „formale Aspekte" geklärt werden, so z. B.:

- Umfang der Arbeit (Ober- und Untergrenze)
- Inwieweit soll (etwa in naturwissenschaftlichen Fächern) das erarbeitete „Material" (Versuchsprotokolle, Umfrageergebnisse, Schaubilder ...) Teil der Arbeit sein?
- Was davon gehört zum (in Bezug auf die Seitenzahl nicht relevanten) Materialteil im Anhang?
- Erste Vorklärung: Wie groß soll der ungefähre Umfang der zu bearbeitenden Sekundärliteratur sein? In einigen Bundesländern geben die betreuenden Lehrer die zu bearbeitende Literatur an, in anderen beschränken sie sich auf Literaturhinweise. Manche Lehrer betrachten (aus guten Gründen!) die Beschaffung und Auswahl der einschlägigen Literatur bereits als (nicht unwesentlichen) Teil der Arbeit. Im ersten Fall erübrigt sich eine Klärung. In den beiden anderen Fällen sollte man sich zunächst einen knappen Überblick verschaffen und den Lehrer in einem „Zwischengespräch" um eine genauere Abgrenzung bitten.

2.3 Das zweite Gespräch

Die Ergebnisse des ersten Gesprächs sollten Sie sorgfältig verarbeiten, d. h. Sie sollten

- sich einen groben Überblick über die einschlägige Literatur verschaffen,
- ein erstes Bearbeitungskonzept erstellen:
  Welche Arbeitsschritte sind vorgesehen?
  Welche Experimente wollen Sie in welcher Reihenfolge durchführen?
  Welche Umfragen, Erhebungen usw. halten Sie für notwendig?
  Welche Quellen wollen Sie wie auswerten?
- eine erste Grobgliederung Ihrer Arbeit entwerfen.

Beispiel Der Schüler, der die Arbeit über die Jugendgruppen im Nationalsozialismus (siehe S. 154 ff.) plante, hatte sich für seine weitere Arbeit folgendes Konzept zurechtgelegt:

---

1. Was gibt es an Quellen?
   - Zeitungstexte (Landesbibliothek; Stadtarchiv)
   - offizielle Bekanntmachungen usw. (Stadtarchiv?)
   - amtliche Verfügungen, Verbote usw. (Stadtarchiv?)
   - Verbandschroniken (bei Stadtjugendverband nachfragen)
2. Was geben Staats- und Stadtarchiv her?
   - Zugangsmöglichkeiten?
   - Quellenlage?
3. (heutige) Nachfolgegruppen
   - heutige Jugendgruppen?
   - Vorgänger?
   - Partei-/Großgruppierungen (Falken, Pfadfinder, ND, MC …)
4. Zeitzeugen
   - Gibt es Überlebende aus früheren Gruppen?
   - Wie kann ich an solche Personen herankommen?
5. Was gibt es an einschlägiger Literatur?
   - …

Die beim Arbeiten gewonnenen Einsichten sollten Sie in Stichpunkten notieren, um gegebenenfalls knapp über sie referieren zu können. Auch Vermutungen, die sich im Verlauf der Arbeit eingestellt haben, können Sie festhalten und im Gespräch umreißen. So kann Ihnen Ihr Lehrer sagen, ob Sie auf dem richtigen Weg sind oder ob Sie dabei sind, das Thema zu verfehlen. Wenn Sie ein vom Lehrer gestelltes Thema übernommen haben, sollten Sie das zweite Gespräch bald nach dem ersten führen, denn Sie können ja beim ersten Gespräch noch nicht allzu viel zum Thema sagen. Bis zu diesem zweiten Gespräch aber sollten Sie festgestellt haben, ob Sie mit dem Thema überhaupt etwas anfangen können, ob es zu umfangreich, zu „problematisch", vielleicht auch zu „diffus" und unklar ist. Vor allem sollten Sie sich notiert haben, wo Sie bereits Schwierigkeiten hatten und wo Sie welche erwarten. Damit werden die wichtigsten Themen des zweiten Gesprächs deutlich:

1. Besprechung erster Schwierigkeiten
   - bei der Materialbeschaffung,
   - bei der Durchdringung,
   - bei der Abgrenzung.

2. Genauere Abgrenzung des Problembereichs: Sie werden nun zusammen mit dem beratenden Lehrer eine präzise Abgrenzung des thematischen Rahmens versuchen.

3. Sie haben bereits einigen Stoff gesammelt und können nun schon bestimmte Vorstellungen zur Gliederung entwickeln und mit dem Lehrer besprechen.

4. Die wichtigsten Bearbeitungsaspekte lassen sich zusammen mit der Gliederung fixieren bzw. ergänzen. (Hier sollten Sie bei der Vorbereitung lieber einen oder zwei Aspekte mehr ansprechen und Ihren Lehrer gegebenenfalls um Rat fragen, ob der eine oder andere Aspekt noch in den thematischen Rahmen gehört oder ob Sie besser auf ihn verzichten sollten.)

5. So wird es auch schon möglich, eine erste Übereinkunft über die „Tiefe der Bearbeitung" zu erzielen, indem Sie sich mit Ihrem Lehrer darüber einigen,
   - wie groß der Umfang der zu bearbeitenden Literatur sein sollte (hier müssten Sie dann eine Literaturliste vorlegen und um Beratung bitten),
   - wie groß die Anzahl und der Umfang der Experimente bzw. Experimentreihen, der Umfragen usw. sein sollte.

Es versteht sich von selbst, dass Sie auch in dieses Gespräch mit einer schriftlichen Vorbereitung gehen sollten: Sie sollten also die Punkte und Unterpunkte schriftlich fixiert haben, über die Sie sprechen möchten. Auch diesmal sollten Sie genügend Platz für Notizen vorsehen, um die jeweiligen Antworten festzuhalten.

2.4   Das dritte Gespräch

Wenn alle Vorarbeiten abgeschlossen sind, sollten Sie sich um ein drittes Gespräch mit dem betreuenden Lehrer bemühen. In diesem Gespräch sollten Sie natürlich zunächst die Fragen klären, die sich zwischenzeitlich ergeben haben, vor allem aber sollten Sie Ihre endgültige Gliederung besprechen. Diese Gliederung sollten Sie schon möglichst weit ausgearbeitet haben, denn jetzt sind noch Korrekturen, Streichungen und Ergänzungen ohne größeren Aufwand möglich. Möglichst weit sollte diese Gliederung auch deshalb ausgearbeitet sein, da man nur dann richtig erkennen kann, was jeweils beabsichtigt ist, ob der Bezug zum Thema noch vorhanden ist, ob Argumentationslücken zu schließen sind und dergleichen.

3 Die Teile der Facharbeit und ihre Funktion

3.1 Das Vorwort

Wenn man sich mit den Ergebnissen einer wissenschaftlichen Untersuchung an einen Leser wendet, so möchte man ihm meist nicht nur diese Ergebnisse selbst mitteilen, sondern vielleicht auch einige Hinweise geben, ihm sagen, wie es zu den einzelnen Arbeitsschritten oder auch zum Gesamtergebnis kam, ihm also einiges mitteilen, das nicht den gleichen „offiziellen" Charakter hat wie der Rest der Arbeit. Für solche Ausführungen gibt es das Vorwort. Bei einer kurzen Arbeit spricht man besser von „Vorbemerkungen".

Das Vorwort selbst gehört nicht zum sachlichen Teil einer Arbeit. Es kann deshalb Persönliches enthalten, z. B.
* Aussagen zur Entstehung der Arbeit,
* Aussagen über den Weg, auf dem man zum Thema oder zu interessanten Aspekten kam,
* eine Skizzierung des persönlichen Interesses am Thema,
* Hinweise auf und Anmerkungen zu Besonderheiten, Schwierigkeiten usw.,
* eine Danksagung an besonders hilfsbereite Personen.

Beispiel

> **Thema:** „Untersuchungen zum Leseverhalten der Unter- und Mittelstufenschüler unserer Schule"
>
> **Vorwort:** Erläuterungen zum Thema
> Was wird von Jugendlichen außerhalb der Schule gelesen, wie viel wird gelesen, welche Faktoren beeinflussen dies, wie viel wurde früher gelesen und schließlich: Warum ist das jeweils so? Das sind die Fragen, mit denen sich diese Facharbeit auseinander setzt. Das Leseverhalten ist speziell bei Jugendlichen von großer Bedeutung, weil hier Prägungen für das ganze Leben vollzogen werden. Eine Leseverhaltensänderung in späteren Jahren ist die Ausnahme. Jugendlichen, die nicht zum Buch geführt werden, bleibt für den Rest ihres Lebens ein Lebensbereich mit besonders starken Anforderungen an Denken und Fantasie und mit nur hier in solcher Intensität vorkommenden Denkanstößen verschlossen. Die heutigen Deutschlehrer jammern, es werde viel zu wenig gelesen. Ich wollte dieser Frage nachgehen und einen genaueren Überblick über das Leseverhalten der Schüler an unserer Schule gewinnen. Gleichzeitig interessierte mich aber auch der Zusammenhang zwischen Deutschunterricht und dem außerschulischen Leseverhalten.

Die Behandlung des Themas

Die Facharbeit wurde in mehreren Schritten erarbeitet. Zunächst wurde ein Vorfragebogen (siehe Anhang 1) erarbeitet und repräsentativ für die ganze Stufe in jeweils
einer Klasse ausgeteilt. Der Vorfragebogen beinhaltete nur die Fragen nach Lieblings-
themen und Lieblingsautoren. Aus diesem Vorfragebogen wurden die Fragen 6 und 7
des eigentlichen Fragebogens (siehe Anhang 2) erstellt, der dann aus 13 Fragen bestand. Der nächste Schritt war die Erstellung eines Dateneingabeprogramms, mit dem
insgesamt 18 820 Daten eingegeben wurden, da 369 Fragebogen bearbeitet zurück-
kamen und jeder Fragebogen 51 Daten hatte. Nun musste ein Datenauswertungspro-
gramm erstellt werden und schließlich sollten die daraus entnommenen Statistiken
ausgewertet werden. In diesem Zusammenhang möchte ich mich besonders bei
unserer Informatiklehrerin, Frau Dr. K., für ihre beratende Unterstützung bedanken.
Probleme bereitete der Ausdruck der Statistiken, da unser Schuldrucker nicht grafik-
fähig ist. Durch einen Trick gelang es mir dann doch, Grafikimitationen zu erstellen,
für deren miserable Qualität ich um Verständnis bitte.

Die inhaltliche Behandlung

In der Facharbeit verzichtete ich in der Regel auf eine direkte Beschreibung der Statistik, denn erstens liegt die Statistik ja selbst vor und zweitens hätte das die Arbeit
unnötig aufgebläht. Stattdessen versuchte ich, größere Zusammenhänge aufzu-
decken und zu erklären. Manche Ergebnisse habe ich nicht eigens dargestellt, da sie
mir zu oberflächlich erschienen, wie z. B. „Mädchen lesen etwas mehr, mögen Berte
Bratt lieber". Der Schwerpunkt meiner Untersuchung lag auf den das Lesen beein-
flussenden Faktoren, wobei mich persönlich besonders der Einfluss des Deutschunterrichts auf das außerschulische Leseverhalten interessierte. Um hier Genaueres
sagen zu können, zog ich die Angaben der Klassenbücher über die Inhalte des
Deutschunterrichts in den jeweiligen Klassen heran. In diesem Zusammenhang
möchte ich mich bei der Schulsekretärin für die Mühe bedanken, die sie aufwenden
musste, um mir alte Klassenbücher zugänglich zu machen.

3.2 Inhaltsverzeichnis und Gliederung

Das Inhaltsverzeichnis enthält die Gliederung der Arbeit und gibt so Auskunft über den Aufbau und die inhaltlichen Zusammenhänge der Kapitel, Teilkapitel und Abschnitte. Die Kapitel- bzw. Abschnittsüberschriften der Gliederung werden im fortlaufenden Text einschließlich der jeweiligen Bezifferung im Wortlaut wiederholt. Im Inhaltsverzeichnis selbst wird mit arabischen Ziffern angegeben, auf welcher Seite der jeweilige Teil beginnt. Bei der Gliederung ist Folgendes zu beachten:

1. Man wählt eine „gemischte Klassifikation" oder die „Dezimalklassifikation" als Ordnungsschema.

Beispiele **gemischte Klassifikation:**

I.   **Einleitung**

II. **Leben und Werk des Autors Joseph Roth**

III. **Der Roman „Radetzkymarsch"**
   1. Inhaltsangabe
   2. Die historische Dimension des Romans
   3. Die Motivik
      a) Das Dienermotiv
      b) Das Enkelmotiv
      c) Das Kaiserbild-Motiv
      d) Das Untergangsmotiv
      e) Das Radetzkymarsch-Motiv
   4. Figuren /Gruppen
      a) Beamte
      b) Das Militär
      c) Karl Joseph von Trotta
      d) Der Kaiser Franz Joseph
      e) Graf Wojciech Chojnicki
   5. Konfigurationsskizze und Kommentierung

IV. **Die Problematik Joseph Roths und ihre Aktualität**

V.   **Schlussfolgerungen**

VI. **Literaturverzeichnis; Anmerkungen**

Dezimalklassifikation:

Grundsätzlich gilt für beide Gliederungssysteme: Wer „A" sagt, muss auch „B" sagen, d. h. ein Kapitel muss immer mehr als ein Unterkapitel haben oder man verzichtet ganz auf die Angabe eines Unterpunktes. Manchmal wird auch gefordert, dass man bei der Gleichbehandlung der Kapitel so weit gehen muss, dass sich die Kapitel auch in der „Tiefe" und in der Differenziertheit der Gliederung gleichen, dass man also alle Kapitel gleich weit untergliedern muss. Das aber stellt unseres Erachtens einen unzulässigen Systemzwang dar, der bisweilen zu Verkrampfungen führen kann. Zwar sollte man möglichst tief gliedern, doch ist es sehr wohl denkbar, dass einmal ein Abschnitt nicht weiter zu untergliedern ist, während ein anderer weitere Differenzierungen notwendig macht. Dennoch sollten zumindest die Hauptkapitel ausgewogen sein und in etwa den gleichen Umfang haben. Bei der Formulierung der Überschriften sollte man sich darum bemühen,

- die zentrale Information auszuformulieren (es geht nicht darum, Spannung zu erzeugen!),
- die Kapitelüberschriften im gleichen Stil zu formulieren, also entweder nominal (Beispiel: Zusammenhang zwischen Verunreinigung der Luft und Verkehrsaufkommen) oder verbal (Beispiel: Die Verunreinigung der Luft ist abhängig von der Straßenführung) oder interrogativ (Beispiel: Gibt es Zu-

sammenhänge zwischen der Verunreinigung der Luft und der Wetterlage?).
Auch hier gilt aber: Wenn Systemzwang zu Verkrampfungen führen würde,
sollte man darauf verzichten, dieses System um jeden Preis einzuhalten.
Wir können die Verwendung knapper Sätze empfehlen. Sie hat sich als
praktikable Lösung erwiesen, zumal es nicht immer ohne eine gewisse „For-
mulierungsakrobatik" gelingt, den Nominalstil durchzuhalten oder alle
Aspekte in Fragesätze aufzulösen.

Gliederungen im naturwissenschaftlichen Bereich

Im naturwissenschaftlichen Bereich, wenn es um die Durchführung und Auswertung von Experimenten geht, kann man sich an folgender Grobgliederung
des Hauptteils orientieren (Vorwort, Inhaltsverzeichnis und Einleitung sind zu
ergänzen):

Beispiel

1　Wie erscheint das bearbeitete Thema in der Fachliteratur?
　　(gegebenenfalls auch: Wie ist die Rechtslage?)

2　Bedingungen und Umfeld der Untersuchungen
2.1　Das Untersuchungsobjekt, das Material
2.2　Die vorgesehenen Untersuchungsmethoden
2.3　Der Versuchsaufbau
2.4　Abfolge von Tests und Testreihen

3　Die Durchführung der Experimente (Bei Experimentreihen wird man
　　jeweils einen Versuch vorstellen und an ihm exemplarisch erläutern, worum es
　　geht. Bei der Beschreibung der Versuche wird man sich auf Versuchsprotokolle
　　stützen, die den Ablauf eines Versuchs in seinen wichtigsten Stadien präzise
　　festhalten.)

4　Die erzielten Ergebnisse
4.1　Teilergebnisse
4.2　Das Gesamtergebnis

5　Das Ergebnis als „neuer Ansatz"
5.1　Konfrontation des erzielten Ergebnisses mit der unter 1 vorgestellten
　　Fachliteratur
5.2　Die sich ergebenden Folgerungen
5.3　Kritische Erörterung der erzielten Ergebnisse /zusammenfassende Würdigung
5.4　Mögliche neue Ansätze für weitere Untersuchungen

---

6 **Materialanhang**

In einem eigenen Materialteil sollten Tabellen, Versuchsprotokolle, Abbildungen, grafische Darstellungen, Diagramme usw. mitgegeben werden. Dabei sollte man darauf achten, dass diese Materialien durchnummeriert werden und eindeutig identifizierbar sind.

7 **Literaturverzeichnis**

Auch für eine naturwissenschaftliche Arbeit wird man Fachliteratur benutzen. Selbst wenn man recht selbstständige Felduntersuchungen durchführt, sollte man zumindest die vorgesehene Methode fachwissenschaftlich absichern und sich mit einschlägiger Fachliteratur auseinander setzen.

8 **Verzeichnis der Hilfsmittel**

Ein solches Verzeichnis ist nicht unbedingt erforderlich. Es kann jedoch nicht schaden, wenn man in bestimmten Fällen die Geräte, Messinstrumente und dergleichen aufführt, die man benutzt hat. So kann z. B. die Genauigkeit von Messergebnissen sehr wohl von den verwendeten Geräten abhängig sein.

3.3 Die Einleitung

Die Einleitung gehört zum sachlichen Teil der Arbeit. Sie kann Folgendes enthalten:

- eine Rechtfertigung des Themas bzw. einen Nachweis darüber, dass die Problematik des Themas von Interesse ist,
- eine genauere Abgrenzung des Themas und des Horizonts, innerhalb dessen sich die Arbeit bewegen soll,
- eine Vorstellung der Ziele der Arbeit bzw. der Untersuchung,
- eine Erläuterung der Methodik, die das Arbeiten bestimmte (gerade auf solche Ausführungen sollte man nicht verzichten, da unter fachwissenschaftlichen Gesichtspunkten eine fachlich einwandfreie und bewusst angewandte Methodik unabdingbar ist),
- einen knappen Überblick über Aufbau und innere Zusammenhänge der einzelnen Kapitel bzw. deren Thematik,
- die Klärung wichtiger inhaltlicher und begrifflicher Voraussetzungen und / oder die Darlegung der experimentellen Vorentscheidungen.

Beispiel

> **Thema:** „Die Einbindung des Menschen in die Geschichte am Beispiel des Romans ‚Radetzkymarsch' von Joseph Roth"
>
> **Einleitung**
>
> Joseph Roth: Der große Krieg heißt Weltkrieg, weil wir alle infolge seiner
> eine Welt, unsere Welt, verloren haben.
>
> Menschen machen Geschichte, diese Behauptung wird zu Recht nicht angezweifelt. Doch kann es auch sein, dass die geschichtliche Ordnung Menschen prägt, dass es vielleicht sogar Menschen gibt, die aufgrund ihrer charakterlichen Merkmale ganz besonders für eine bestimmte Epoche prädestiniert sind? Darf man so weit gehen zu behaupten, dass diese Menschen ohne ihren geschichtlichen Hintergrund nicht existieren können und aus diesem Grunde mit einer untergehenden Ordnung zum Tode verurteilt sind? Diese Fragen seien als Hypothesen an den Anfang gestellt. Es gilt, sie am Beispiel des Romans ‚Radetzkymarsch' und seines Autors Joseph Roth zu beantworten. Ohne Kenntnisse über den Lebensweg dieses widersprüchlichen Mannes muss sein Werk für uns unverständlich bleiben. Daher ist die Biografie des Autors an den Anfang gestellt. Ferner müssen wir uns mit dem geschichtlichen Hintergrund befassen, bevor wir auf die eigentliche interpretatorische Aufgabe eingehen. Eine Zusammenfassung der Ergebnisse und eine Aktualisierung der Fragestellung bilden den Schluss der Arbeit. (Ina B.)

3.4 Die Ausführungen

Die Ausführungen sollten als fortlaufender Text in angemessener Sprache formuliert sein. Zwar wird durch die Gliederung der systematische Ort der einzelnen Gedanken bestimmt, doch sollte man die einzelnen Abschnitte sprachlich miteinander verbinden und aufeinander beziehen, indem man den logischen (Gedanken-)Zusammenhang auch sprachlich zum Ausdruck bringt. So erleichtert man dem Leser das Nachvollziehen von Gedanken und Abläufen ganz erheblich (und schützt sich gegen den Vorwurf, man springe in der Argumentation). Man sollte Wert darauf legen, zumindest jedes Hauptkapitel durch eine knappe Zusammenfassung abzuschließen, um so die gedankliche Abfolge, aber auch den eigenen, logischen Weg über die gesamte Arbeit hinweg klarer herauszustellen. Eine Schlusszusammenfassung bietet zum einen die Möglichkeit, das Erarbeitete im Zusammenhang und Überblick darzulegen, sie stellt aber auch einen sinnvollen Ansatz für eine kritische persönliche Wertung und einen Ausblick auf mögliche Folgeuntersuchungen dar.

3.5   Das Literaturverzeichnis

Das Literaturverzeichnis stellt den letzten, unabdingbaren Teil der Arbeit dar. Hier werden alle Werke aufgeführt, die man bei der Bearbeitung des Themas zurate gezogen hat, auf die man sich stützt, die man z. T. exzerpiert, z. T. zusammengefasst, z. T. vielleicht sogar widerlegt hat.

In der Regel wird man unterscheiden nach „Quellen" (bzw. Primärliteratur) und Sekundärliteratur (wissenschaftlicher Literatur zum Thema). Innerhalb dieser Teile wird man alphabetisch anordnen.

Grundsätzlich sollte man Folgendes beachten:
- Das Literaturverzeichnis muss richtig sein.
- Es muss vollständig sein.
- Es soll nur die Werke enthalten, die man tatsächlich herangezogen hat (also: keine Hochstapelei!).
- Die Angabe einer Quelle muss folgende Elemente enthalten: den Autor (bzw. die Autoren), den vollständigen Titel und Untertitel, gegebenenfalls den Titel der Reihe und des Herausgebers, den Verlag, den Erscheinungsort, die Auflage (falls höher als 1), das Erscheinungsjahr, bei Aufsätzen auch die Seitenangabe für den gesamten Aufsatz sowie die Seite(n), auf der/denen sich das Zitat befindet.
- Die Angaben sollten nach einem einheitlichen Muster gemacht werden. Es gibt keine allgemein gültige Vorschrift, die die Formalia (etwa die Zeichensetzung) regelt, doch sollte man ein einmal gewähltes Schema durchgehend anwenden.

Beispiele

> **Verschiedene „Problemfälle"**
> 1. **Ein Autor, ein Buch:**
>   Franz K. Stanzel: Typische Formen des Romans. Vandenhoeck und Ruprecht, Göttingen ^{5}1970
>   *In einer „alphabetischen Sortierung" wird man gegebenenfalls schreiben: Stanzel, Franz K.: Typische Formen …*
> 2. **Zwei Autoren, Übersetzung:**
>   John Briggs, F./David Peat: Die Entdeckung des Chaos. Aus dem Amerikanischen übers. v. Carl Carius; Carl Hanser Verlag, München/Wien 1990

3. **Mehrere Autoren:**

Karl-Dieter Bünting u. a.: Computer im Deutschunterricht. Schroedel Schulbuchverlag, Hannover 1989

4. **Sammlung von einzelnen Arbeiten, ein Herausgeber:**

Jakob Lehmann (Hrsg.): Deutsche Romane von Grimmelshausen bis Walser. 2 Bände. Skriptor Verlag, Königstein/Ts. 1982

5. **Aufsatz in einer Sammlung:**

Fritz Hackert: Joseph Roth: Radetzkymarsch (1932). in: Paul Michael Litzeler (Hrsg.): Romane des 20. Jahrhunderts. Athenäum Verlag, Königstein/Taunus 1983, S. 183–199

6. **Aufsatz in einer Fachzeitschrift:**

Rudolf von Woldeck: Formeln für das Tohuwabohu. in: Kursbuch 98, November 1989; hrsg. von Karl Markus Michel und Tilman Spengler; Kursbuch Verlag, Berlin 1989, S. 1–26

3.6 Der Materialanhang

Der Materialanhang gehört nicht zu dem Teil der Arbeit, dessen Umfang u. U. durch Vorschriften beschränkt wurde. Allerdings sollte man besonders in naturwissenschaftlichen Fächern nicht darauf verzichten, das Material, die Versuchsergebnisse, die Tabellen, die Versuchsprotokolle, die Resultate von Versuchsreihen, die Umfrageergebnisse usw. zu dokumentieren. Durch sie werden einerseits die Ergebnisse veranschaulicht, andererseits aber auch abgesichert, weil sie die Basis der weiterführenden Aussagen bilden. Man sollte sich allerdings darauf beschränken, besonders aussagekräftiges Material in diesen Anhang zu übernehmen, um die Gesamtarbeit nicht zu sehr zu überladen.

4 Den Text ausarbeiten

Wenn Sie darangehen, den ersten Entwurf niederzuschreiben, so sollten Sie einen breiten Rand für Ergänzungen, Korrekturen und dergleichen vorsehen. Beim Ausarbeiten sollten Sie immer wieder darauf achten, dass die „Proportionen" erhalten bleiben. Als Faustregel kann gelten: Jeder Gliederungsteil der gleichen Ebene (also: Kapitel – Kapitel, Abschnitt – Abschnitt usw.) sollte etwa gleichgewichtig sein. Mit anderen Worten: Ein untergeordnetes Kapitel 1.3.5 sollte nicht länger sein als ein übergeordnetes Kapitel 1.2. Zumindest innerhalb der Großkapitel sollten Sie sich an diese Faustregel halten.

Einzelne Argumentationsblöcke sollten Sie immer wieder durch Zusammenfassungen abschließen. In diesen Zusammenfassungen haben Sie die Möglichkeit zu zeigen, inwieweit Sie eigenständig das Material verarbeitet haben und so zu einem selbstständigen Urteil gekommen sind, das Sie nun sachgerecht artikulieren und begründen. Ganz nebenbei können Sie anhand solcher Zusammenfassungen leichter kontrollieren, ob Sie sich noch innerhalb des thematischen Rahmens bewegen oder schon dabei sind, das Thema zu verfehlen.

4.1 Die Ausarbeitung

Nach entsprechend ausgearbeiteter Gliederung und angemessen umfangreicher Materialsammlung dürfte die eigentliche Ausarbeitung der Niederschrift nicht allzu schwer fallen.

Es ist nicht unbedingt erforderlich, beim Formulieren mit der ersten Seite zu beginnen und mit der letzten Seite aufzuhören. Je nach Arbeitsstil kann man auch mit der Ausarbeitung desjenigen Kapitels beginnen, das einen am meisten interessiert, einem am meisten liegt, wo man sich am besten eingearbeitet hat. Die Einleitung wird man am besten zum Schluss in Angriff nehmen.

Auf jeden Fall sollte man bei der Niederschrift nicht mit Papier sparen, sondern die einzelnen Teile jeweils auf einem neuen Blatt beginnen und auch die jeweilige Abschnittsüberschrift ins Manuskript übernehmen. Es ist auch hier zu empfehlen, zunächst jeden Abschnitt für sich durchzunummerieren. So kann man dann ganze Abschnitte leichter verschieben, wenn sich die Notwendigkeit ergeben sollte.

Zwar wird man die Zitate und das gesammelte Material bei der Niederschrift nicht noch einmal abschreiben (das würde nicht nur viel Zeit kosten, sondern auch das Risiko erhöhen, dass sich Fehler einschleichen), aber man sollte die Stellen, an denen man Zitate und/oder Materialeinschübe vorgesehen hat, markieren und durch ein Zählsystem, das im Manuskript und auf der jeweiligen Materialkarte auftaucht, sicherstellen, dass man später auch das richtige Zitat an der richtigen Stelle einfügt. Im Grunde wird es genügen, wenn man Kapitelnummer und laufende Nummer des Zitats an beiden Stellen vermerkt.

Hat man ein Kapitel vorläufig fertig gestellt, so sollte man gleich mit einer ersten Überprüfung beginnen. Dabei geht es im Wesentlichen um die folgenden drei Fragenkreise:

1. Ist der direkte Zusammenhang zwischen Kapitelüberschrift und den einzelnen Gedanken durchgehend gewahrt oder wird von einer geraden, zielstrebigen Linie abgewichen? Im Zuge der Überarbeitung wird man fragen:
   - Wie lassen sich solche Abschweifungen vermeiden?
   - Kann man streichen?
   - Kann man zusammenziehen und verkürzen?

   Wenn sich solche Abschweifungen als notwendig für das Verständnis des übrigen Zusammenhangs erweisen sollten, so wird man sie nicht ganz streichen, sondern in einer Anmerkung oder einem eigenen Exkurs unterbringen (zu den Anmerkungen siehe S. 70–72). Mit Exkursen sollte man vorsichtig umgehen. Eine recht kurze Arbeit, wie sie die Facharbeit darstellt, sollte weitgehend auf Exkurse verzichten.

2. Werden die durch die Kapitelüberschriften geweckten Erwartungen eingelöst/erfüllt? Im Detail ist hier zu überprüfen:
   - Wird das Gebiet, das die Kapitelüberschrift angibt, auch möglichst umfassend behandelt?
   - Werden die Gedanken jeweils zu Ende geführt oder verkürzt bzw. abgebrochen?
   - Ist der gedankliche Zusammenhang zwischen einzelnen Teilschritten deutlich erkennbar oder muss er sprachlich klarer realisiert werden?

3. Ist der Abschnitt ausführlich, klar und anschaulich genug? Ist die „Beweisführung" durch Zitate, Versuche, Beobachtungen usw. hinreichend abgesichert? Ist die Gedankenführung in jedem Schritt nachvollziehbar? Sind abstrakte Gedanken konkret durch Beispiele und Material, Statistiken usw. abgesichert? Sind sie veranschaulicht? Sind die Behauptungen durch Argu-

mente und Beispiele belegt? Im naturwissenschaftlichen Bereich wird man fragen: Sind die abstrakten Versuchsergebnisse z. B. in Form von Grafiken, Diagrammen usw. anschaulich genug vorgestellt?

4.2 Den Text überarbeiten

Sind alle Kapitel abgeschlossen, so ist eine Überarbeitung des gesamten Textes angebracht. Dabei wird man sich vor allem um die drei folgenden Problemkreise zu kümmern haben:
1. Innere und äußere Logik
2. Das Thema und seine Behandlung
3. Die sprachliche Gestaltung

Zu 1. Innere und äußere Logik:
Hier geht es darum, ein letztes Mal die Gesamtgliederung zu überprüfen:
- Es wird kontrolliert, ob die vorgesehenen Kapitel in etwa gleichgewichtig die einzelnen Teilaspekte des Themas wiedergeben.
- Man achtet darauf, ob die Kapitel von der Länge her etwa gleich sind.
- Darüber hinaus wird nochmals überprüft, ob die einzelnen Teile so angeordnet sind, dass sie eine logische Abfolge darstellen, d. h. dass der Ort, den sie gegenwärtig in der „Argumentationskette" innehaben, „zwingend" ist, dass also die Gedanken, wie sie sich in den Kapitelüberschriften darstellen, Schritt für Schritt aufeinander aufbauen.
- Schließlich muss in diesem Zusammenhang überprüft werden, ob die Übergänge zwischen den Kapiteln, aber auch die Übergänge zwischen den einzelnen Teilkapiteln und Abschnitten so formuliert sind, dass die logischen Zusammenhänge deutlich genug zum Ausdruck kommen. Dabei sollte man sich vor Augen halten, dass der Leser nicht so mit der Materie vertraut ist wie man selbst. Manches empfindet man selbst sehr wohl als logisch einsichtig, während der Leser geneigt ist, von einem Gedankensprung zu reden, da ihm die gedankliche Verbindung bzw. der gedankliche Hintergrund nicht ausführlich genug mitgeteilt wird. Hier empfiehlt es sich, eine unbefangene Vertrauensperson „gegenlesen" zu lassen.

Zu 2. Das Thema und seine Behandlung:

Hat man alle Kapitel abgeschlossen, so weiß man, „was man gesagt hat", und es ist nun an der Zeit, noch einmal zu überprüfen, ob damit der Bereich, den das Thema vorschreibt, auch tatsächlich abgedeckt ist. Noch hat man ja die Möglichkeit, einzelne Gewichtungen zu verändern, manche Aspekte weiter auszubauen, andere zu verkürzen oder auch zu ergänzen. Beim Streichen sollte man nicht allzu zimperlich sein. Jetzt muss auch überprüft werden, ob wirklich alles, was man dargestellt hat, zum Thema gehört. Als Faustregel kann hier folgende Empfehlung gelten: Es muss ein direkter gedanklicher Weg vom Thema über die Kapitelüberschrift und die Abschnittsüberschrift hin zur einzelnen Aussage führen. Ist eine solche Linie nicht feststellbar, so besteht häufig tatsächlich kein unmittelbarer Zusammenhang zwischen Thema und aktuellem Abschnitt. Es kann sich gelegentlich herausstellen, dass ganze Teile der Arbeit bzw. des bisher Erarbeiteten nicht so ganz zum Thema gehören. Deshalb ist es bei der Überarbeitung des Textes dringend zu empfehlen, sich immer wieder einmal das Thema selbst genauer anzusehen und nach der Wichtigkeit der zu überarbeitenden Aussage im Rahmen des Themas zu fragen. Die Gliederung, die die strikt auf das Thema ausgerichteten Gesichtspunkte enthält, ist bei der Überarbeitung ständig als „Messlatte" neben den Text zu halten. (Dabei setzen wir natürlich voraus, dass Sie die Gliederung sorgfältig und weit genug ausgearbeitet, überprüft und auch mit Ihrem beratenden Lehrer besprochen haben.) Allerdings: Auch die Gliederung ist nicht unumstößlich. Sie kann sich als unzweckmäßig erweisen und sollte dann geändert (erweitert, gekürzt, umgestellt) werden. Aber Vorsicht: Eine einschneidende Veränderung, vor allem eine weiter reichende Erweiterung, sollten Sie, falls Sie die bisherige Gliederung mit Ihrem Lehrer besprochen haben, nicht ohne erneute Rücksprache und Beratung vornehmen.

Zu 3. Die sprachliche Gestaltung:

Die Facharbeit ist ihrer Zielsetzung nach eine wissenschaftliche Arbeit. Schon deshalb ist die Verwendung einer wissenschaftlichen Fachsprache angebracht. Das bedeutet:

- Man verzichtet auf unterschwellige Bewertungen, wie sie sich oft in der Wortwahl (bewertende Adjektive usw.) niederschlagen.
- Sachlichkeit ist oberstes Gebot.
- Begriffe müssen eindeutig geklärt und verwendet werden. Das Gemeinte muss klar bezeichnet werden.
- Die Verwendung einer einschlägigen Fachterminologie ist eine Selbstverständlichkeit, rechtfertigt aber nicht einen Fremdwortgebrauch um jeden

Preis. Hier ist deutlich zu unterscheiden zwischen Fremdwörtern, die ohne Bedeutungsverlust durch allgemein geläufige Wörter der Muttersprache zu ersetzen sind, und den in der Fachsprache üblichen Begriffen. Auf Fremdwörter sollte so weit wie möglich verzichtet werden. Sie täuschen eigentlich nur Wissenschaftlichkeit vor.

- Auch die formale Seite der Arbeit, die Rechtschreibung und die Zeichensetzung, sollten Sie nicht vernachlässigen.

Bei der letzten Überarbeitung sollten Sie immer wieder vom Leser aus denken und sich fragen: Was müsste man einem Außenstehenden noch präziser dokumentieren? Was sollte ergänzt bzw. ausführlicher dargestellt und erläutert werden für jemanden, dem die Materie nicht so vertraut ist? Besonders im Bereich der Naturwissenschaften empfiehlt es sich, nicht zu sparsam mit Dokumentationen (Tabellen, Diagrammen usw.) zu sein. Aber auch im geisteswissenschaftlichen Bereich sollten Sie auf Strukturskizzen keinesfalls verzichten. Zeichnungen, Diagramme, Skizzen, auch eingeklebte Bilder können dem Leser das Verstehen Ihrer Arbeit und ihrer Ergebnisse erheblich erleichtern. Beispiel: Im Zusammenhang mit dem Thema „Die Einbindung des Menschen in die Geschichte am Beispiel des Romans ‚Radetzkymarsch‘ von Joseph Roth" will die Autorin der Facharbeit die Parallelität von „hoher Politik" und „Einzelschicksal" darstellen, um so die Einbindung des Menschen in die Geschichte zu dokumentieren. Sie entwirft die folgende Skizze:

Beispiel

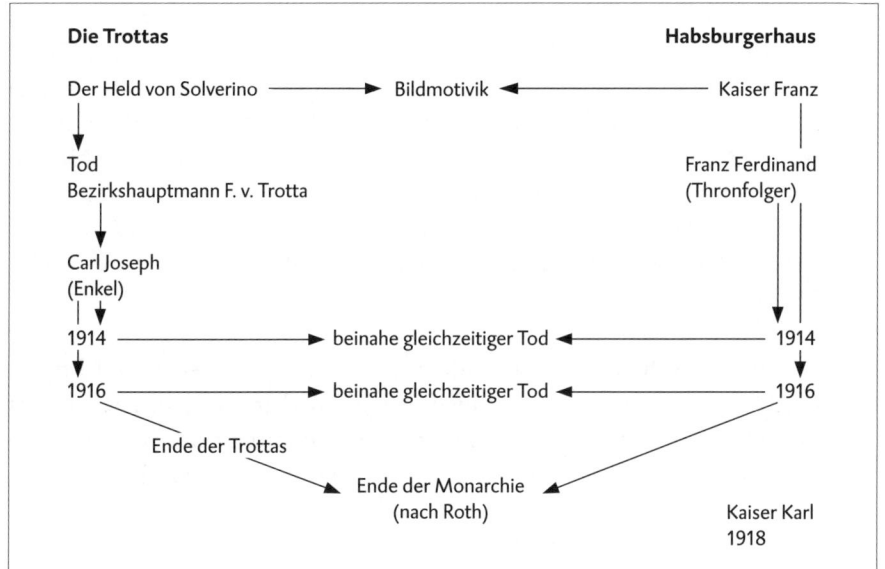

5 Zur Form der Arbeit

5.1 Die Anmerkungen

Inhaltlich umfassen die Anmerkungen
1. den exakten Nachweis eines Zitats oder
2. einen Gedanken, der nicht unmittelbar zur Sache gehört, der sich aber aus der aktuellen Gedankenführung ergibt und es wert ist, erwähnt zu werden,
3. Ausführungen, die zwar nicht unmittelbar zum Thema gehören, aber zu dessen Verständnis beitragen können,
4. weiter- und damit von der Sache wegführende Überlegungen, die man aber nur in Ansätzen ausführen sollte.

Wenden wir uns zunächst dem Nachweis von Übernahmen aus fremden Texten zu. Für die Form des Belegs bzw. des Zitatnachweises bieten sich verschiedene Möglichkeiten an:

- Man verwendet im fortlaufenden Text nach dem Zitat eine Abkürzung mit Seitenzahl in Klammern. Meist nennt man den Autorennamen und das Erscheinungsjahr, falls man mehrere Veröffentlichungen eines Autors verwendet hat. Wenn nicht, genügen der Name und die Seitenzahl. Beispiel: (*Stanzel 1970, S. 25 f.*).
- Beim ersten Zitat gibt man (unter dem Text oder am Ende des Textes) eine exakte Quellenangabe an. Geht man ein zweites Mal auf dasselbe Werk ein, so unterscheidet man: Falls sich das zweite Zitat auf derselben Seite findet wie das letztgenannte, so verwendet man in der Anmerkung das Kürzel „ebd." (= ebenda). Bei einem Zitat aus einem schon genannten Werk nennt man den Namen des Autors, setzt das Kürzel „a. a. O." (= am angeführten Ort) hinzu und gibt die Seitenzahl an. Hat man von einem Autor schon mehrere Werke exakt zitiert und muss ein neues Zitat belegen, so nennt man wiederum den Autor und das Erscheinungsjahr. Beispiel: *Stanzel 1965, S. 28 f.*

Ganz gleich, für welche Form des Zitierens man sich entscheidet: Wichtig ist immer, dass das einzelne Zitat eindeutig verifizierbar ist, d. h. nachgeprüft werden kann. Man kann die Anmerkungen sowohl seitenweise als auch kapitelweise nummerieren oder über die ganze Arbeit hinweg durchzählen.

Ob man die Anmerkungen nun am Ende der Arbeit als eigenen Block erscheinen lässt, ob man sie am Ende eines jeden Kapitels zusammenstellt oder ob man sie seitenweise aufführt, sollte man mit dem Lehrer absprechen. Für jede der angesprochenen Formen gibt es gute Gründe. Dem Leser kommt die letzte Version (Zusammenstellung am Seitenende) entgegen. Ihm wird langes Blättern und Suchen erspart. (Übrigens: Wenn Sie mit einem Textverarbeitungssystem auf dem Computer arbeiten, so übernimmt das System die Fußnotenverwaltung für Sie.) Beim Tippen stellt die gebündelte Wiedergabe der Anmerkungen am Schluss der Arbeit oder der einzelnen Kapitel eine gewisse Erleichterung dar.

Zusammengefasst: So gibt man Quellen an	
1. Franz K. Stanzel, Typische Formen des Romans; Vandenhoeck und Ruprecht, Göttingen [5]1970, S. 18	Erstes Vorkommen einer Quelle
2. ebd.	gleiche Quelle, gleiche Seite wie die unmittelbar vorausgehende Nennung
3. Stanzel, a.a.O. S. 52 ff.	gleiche Quelle wie die zuletzt unter „Stanzel" genannte, neue Seite
4. Stanzel 1970, S.25 f.	Bezug auf die 1970 von Stanzel erschienene Quelle
5. Erich Auerbach, Mimesis – Dargestellte Wirklichkeit in der abendländischen Literatur, Bern [2]1959, S. 449; zitiert nach: Stanzel 1970, S. 40	Zitat „aus zweiter Hand": Es stammt von Auerbach, wird aber zitiert, wie es Stanzel anführt.
6. Georg Vitz, Goethes „Gretchentragödie": Das Hohelied von der Lüge in der Liebe; in: Diskussion Deutsch; 22. Jg. Heft 118, April/Mai 1991, S. 118–139, hier: S. 122	Quelle ist ein Aufsatz in einer Fachzeitschrift

Anmerkungen umfassen nicht nur das Belegen der einzelnen Zitate und Verweise. Sie können auch inhaltlich eigenständige Überlegungen wiedergeben. So wird man Hinweise und weiterführende Erläuterungen, die nur indirekt etwas mit dem konkret anstehenden Problem zu tun haben, die sich aber gewissermaßen „aufdrängen" oder überraschenderweise ergeben haben, in eine Anmerkung aufnehmen. Würde man solche Teile in den Text einbauen, so störte das die Gedankenführung. Es kann aber doch gute Gründe geben, die für eine Aufnahme wenigstens „am Rand" sprechen. So könnten hier z. B. weiterführende Hinweise und Vermutungen, genauere Ausführungen oder zusätzliche Überlegungen Platz finden, die vielleicht noch nicht so gut abgesichert bzw. aus Platz- oder Zeitgründen nicht vollständig zu Ende geführt worden sind. Aber auch Anregungen und Überlegungen, die den konkret gegebenen Horizont überschreiten würden, kann man hier aufnehmen.

Wird eine solche Anmerkung etwas umfangreicher, so kann sich ein eigener Exkurs ergeben, der, das sagt schon der Name, zwar vom Thema wegführt, aber doch durch eine bestimmte Gedankenkonstellation im Rahmen des Themas angeregt wurde und einen Nebenaspekt für kurze Zeit in den Mittelpunkt der Betrachtung stellt. Allerdings sollte man gerade bei Facharbeiten nach Möglichkeit auf längere Exkurse verzichten, da sie den thematischen Rahmen doch oft sprengen.

In den Anmerkungen lassen sich auch Querverweise unterbringen, die die eigene Arbeit betreffen. So kann man auf schon Behandeltes zurück- oder auf noch zu Behandelndes vorausverweisen. Gerade solche Vorausverweise sind gelegentlich sehr empfehlenswert, wenn man einerseits den Eindruck der Lückenhaftigkeit vermeiden, andererseits aber auch den gerade anstehenden Gedankengang nicht unnötig unterbrechen will.

5.2 Die Anordnung der einzelnen Teile

Zwar sind auch hier die Details von Bundesland zu Bundesland verschieden, doch hinsichtlich der wichtigsten Gesichtspunkte gibt es kaum unterschiedliche Meinungen. So variiert z. B. der Wortlaut der Abschlusserklärung (manche sprechen etwas anspruchsvoll von einer „eidesstattlichen Erklärung"), aber dass eine solche Erklärung verlangt wird, gilt für alle Bundesländer. Ähnliches gilt für Titelblatt, Inhaltsverzeichnis, Gliederung, Materialteil und Literaturverzeichnis. Hier sollten Sie bei Ihrem Lehrer genaue Auskünfte einholen. Entweder weiß Ihr Lehrer Bescheid oder er macht Ihnen den entsprechenden Erlass, der in Ihrem Falle gilt, zugänglich. Meist finden Sie in der Schulbibliothek die entscheidenden Verordnungen zusammengestellt. In einigen Bundesländern sind folgende Formblätter üblich:

1. Titelblatt

Titelblatt

Schule:

Schuljahr: Kurs: Fach:

Name des Schülers:

Thema:

Name des Fachlehrers:

Ausgabetermin des Themas:

Abgabetermin der Arbeit:

Unterschrift des Schülers:

Unterschrift des Fachlehrers:

Die vorliegende Arbeit wurde am _____   _____ eingereicht.

Note: Punkte:

Unterschrift des Fachlehrers:

2. Erklärung

Schlusserklärung

Hiermit erkläre ich, dass ich die vorliegende Arbeit selbstständig und ohne fremde Hilfe verfasst und keine anderen als die angegebenen Hilfsmittel verwendet habe. Insbesondere versichere ich, dass ich alle wörtlichen und sinngemäßen Übernahmen aus anderen Werken als solche kenntlich gemacht habe.

_____, den _____

Unterschrift

Die Arbeit sollte folgende Teile enthalten:
- Titelblatt
- Vorwort/Vorbemerkungen
- Gliederung/Inhaltsverzeichnis
- Ausführungen zum Thema (Anmerkungen entweder seitenweise, kapitelweise oder am Ende)
- gegebenenfalls Abkürzungsverzeichnis
- gegebenenfalls Materialverzeichnis
- gegebenenfalls Materialteil
- Verzeichnis der verwendeten Literatur
- Verzeichnis anderer Hilfsmittel (Geräte etc.)

Was die äußere Aufmachung der Arbeit betrifft, so halten Sie sich am besten an die Gepflogenheiten, die an Ihrer Schule üblich sind. Ihr Lehrer wird Ihnen über die entsprechenden Dinge (Einband usw.) Auskunft geben. Als Einband können Schnell- und Klemmhefter dienen, gefälliger und handlicher sind allerdings Pappbindungen oder Ringheftungen, wie sie die meisten Copyshops heute preisgünstig anfertigen.

Auch wenn es sich eigentlich um eine Selbstverständlichkeit handelt, so wollen wir dennoch mit besonderem Nachdruck noch einmal auf die Beachtung der Regeln der Rechtschreibung und Zeichensetzung hinweisen. Die Fehler in der Rechtschreibung können sich recht negativ auf die Gesamtbewertung Ihrer Arbeit auswirken. Je nach Bundesland kann das einige Punkte Abzug kosten, und zwar nicht nur im Fach Deutsch! Sie sollten deshalb grundsätzlich die neueste Ausgabe eines Rechtschreibwörterbuches zurate ziehen. Wenn Sie mit einem Textsystem und der dort integrierten Korrekturhilfe arbeiten, achten Sie darauf, dass die neuen Regeln schon angewendet werden. Vielleicht überlegen Sie sich auch, ob Sie nicht fremde Hilfe in Anspruch nehmen und einen Freund oder Bekannten die Arbeit einmal lesen lassen sollten. Eine solche Hilfe wird von der Erklärung über die selbstständige Anfertigung der Arbeit nicht berührt. Haben Sie Ihre Arbeit auf einer Schreibmaschine getippt und müssen noch Korrekturen vorgenommen werden, so sollten Sie die Möglichkeiten nutzen, die das Kopieren mit sich bringt. Überkleben Sie längere, fehlerhafte Stellen und kopieren Sie die Seite neu. Bei kleineren Korrekturen können Sie mit Tipp-Ex oder Ähnlichem arbeiten. Gerade hinsichtlich der äußeren Form sollten Sie immer bedenken, dass der erste optische Eindruck einen wesentlichen Faktor bei der Gesamtbeurteilung darstellt.

Das Referat

1 Grundsätzliche Überlegungen

1.1 Worum geht es beim Referat?

Ein Referat kann man als eine **stark verkürzte, thematisch eng begrenzte Facharbeit** verstehen. Insofern gilt alles, was über Materialbeschaffung und Materialauswertung gesagt wurde, auch für das Referat. Die Anforderungen und der Umfang sind erheblich reduziert. Die Materialbasis ist deutlich eingeschränkt. Meist geht es nur um ein Buch oder um einen Aufsatz, um ein sehr eng gefasstes Thema bzw. Teilthema, um einen Aspekt, der zu behandeln ist.

Natürlich geht es nicht darum, Gelesenes einfach zu wiederholen oder es nachzuerzählen, über Erlebtes oder Erprobtes zu plaudern, sondern um ein systematisches, sachgerechtes und hörerbezogenes Informieren. Voraussetzung hierfür ist eine gediegene Sachkenntnis. Gelegentlich wird auch ein „argumentierendes Referat" verlangt. Dann erwartet man von Ihnen, dass Sie über die Sachinformation hinaus zu einem selbstständigen Urteil über einen Sachverhalt kommen und dieses Urteil begründen, wobei Sie sowohl den Sachverhalt als auch Ihre Auseinandersetzung damit sachgerecht und hörerbezogen darstellen sollten. In allen Fällen ist es also notwendig, dass Sie sich in Bezug auf den jeweiligen Sachbereich kundig machen, dass Sie sich sachgerecht orientieren und informieren, dass Sie die zusammengetragenen Informationen ordnen, die richtigen Hilfsmittel heranziehen und sie korrekt einsetzen. Wie Sie dabei im Einzelnen vorgehen sollten, können Sie in Kapitel 1 nachlesen. Hier wollen wir uns auf diejenigen Gesichtspunkte konzentrieren, die das Referat ganz besonders betreffen.

1.2 Phasen der Erarbeitung

Es gibt Formen des Referats, die der Facharbeit sehr nahe stehen. Sie erfordern einiges an Aufwand und viele Lehrer stellen in solchen Zusammenhängen auch schon recht hohe Anforderungen. Entsprechend werden sie dann auch die jeweilige Leistung bewerten und gewichten. Relativ häufig findet sich eine solche Form in den geisteswissenschaftlichen Fächern: Man soll über einen Autor, einen Roman, einen „historischen Hintergrund", eine Epoche referieren. In einem solchen Fall werden Sie ähnlich vorgehen wie bei der Materialbeschaffung für die Facharbeit. Man wird sich allerdings in jedem Fall auf **weniger Material** beschränken.

Siegfried Lenz' Roman ‚Deutschstunde' soll vorgestellt werden.

1. Schritt: Man **liest den Roman** selbst. Dabei werden

- Figuren skizziert,
- Handlungsstränge rekonstruiert,
- Zeiten auseinander gehalten,
- Orte charakterisiert,
- wichtige Stellen markiert, die man u. U. später vorlesen möchte.

Hinweis: Es empfiehlt sich, schon bei der Lektüre des Primärwerkes ein Markierungssystem zu benutzen, das mit verschiedenen Farben die verschiedenen Gesichtspunkte unterscheidet und das jeweils Wichtigste hervorhebt.

2. Schritt: Man schlägt in einem **Standardwerk** nach. In unserem Fall bedeutet das: Man wird eine neuere Literaturgeschichte zurate ziehen und dabei nachsehen, was zu Siegfried Lenz gesagt wird. Man wird so feststellen, dass bereits der Text der Literaturgeschichte wichtige Interpretationsansätze liefert, auf die man aufbauen kann, wenn man weiterarbeiten möchte. In jedem Fall lassen sich aus dem Text eines solchen Standardwerkes wichtige Gliederungsgesichtspunkte für das spätere Referat gewinnen, sofern man dem Bewertungs- bzw. Interpretationsansatz folgen möchte.

3. Schritt: Man sucht nach einer **Interpretation**, sei es als Buch, sei es als Aufsatz in einer Interpretationssammlung. Dazu wird man den Schlagwortkatalog einer Bibliothek heranziehen.

Hat man einiges Material zusammengetragen, so gilt es abzuwägen, wie weit es überhaupt berücksichtigt werden soll. Hier wird man sich am jeweiligen Inhaltsverzeichnis orientieren. Schon das Inhaltsverzeichnis eines Buches lässt erkennen, dass sich die Autorin bzw. der Autor mit einer Vielzahl von Aspekten auseinander setzt, die aber hinsichtlich des anstehenden Problems nicht alle gleich stark interessieren. Je nach eigener Schwerpunktsetzung wird man das eine oder andere Kapitel oder Teilkapitel heranziehen. Ähnlich wird man sich bei einem Aufsatz verhalten. Zwar sind solche Aufsätze nicht allzu lang, aber es ist auch hier bisweilen sinnvoll, wenn man sich auf einzelne Abschnitte konzentriert.

4. Schritt: Man konzentriert die Arbeit auf eine **Gesamtdarstellung** bzw. auf einen Aufsatz, der entsprechend intensiv durchgearbeitet und exzerpiert wird. (Zum Exzerpieren siehe S. 19 ff.) Man wird das sich ergebende Material ausführlicher bearbeiten und entsprechend „verzetteln", d. h. man wird für jeden Gesichtspunkt ein eigenes Arbeitsblatt (Karteikarte o. Ä.) vorsehen, auf dem in Stichpunkten die wichtigsten Inhalte notiert werden. Handelt es sich um übernommene Gedanken, so notiert man auch die Quelle. Die einzelnen „Zettel" erlauben eine bessere Übersicht über das gesammelte Material. Man kann die einzelnen Blöcke noch hin- und herschieben bzw. immer wieder neu zusammenordnen. Stellt man einzelne Zettel (= Gesichtspunkte!) zusammen, so entsteht eine Sammlung von Blöcken, die in eine sinnvolle Ordnung gebracht werden können.

5. Schritt: Man entwirft ein **Gliederungskonzept**.

6. Schritt: Es wird ein **Arbeitspapier** ausgearbeitet, das dem Informationsbedürfnis der künftigen Zuhörer entgegenkommt („Was man schwarz auf weiß besitzt…"), das aber auch als „Skelett" für den eigenen Vortrag dienen kann. (Genaueres zu diesem Arbeitsschritt sowie Beispiele für ein solches Arbeitspapier finden Sie auf S. 94 ff.)

7. Schritt: Man versucht übungshalber einen **ersten Vortrag** und markiert gegebenenfalls die Stellen, an denen Ergänzungen, Erweiterungen oder auch Streichungen notwendig werden.

8. Schritt: Man trägt das Referat vor.

2   Sammeln – Zuordnen – Gliedern

Wir wollen uns jetzt systematisch klar machen, wie man bei der Erarbeitung eines Referats vorgeht. Dabei gehen wir von einem Beispiel aus: Im Deutschunterricht sollen durch Kurzreferate Hintergrundinformationen geliefert werden, die zum Verständnis von Georg Büchners Drama ‚Dantons Tod‘ notwendig sind. Unter anderem soll eine Gruppe von Schülern über Soboul und seine Darstellung der Französischen Revolution referieren. Basis: Albert Soboul: Die große Frz. Revolution; Europäische Verlagsanstalt, Frankfurt a. M. 1976. Jeder der Schüler übernimmt ein Kapitel des Werks und bereitet ein Kurzreferat vor.

2.1   Umgang mit dem Thema

1. Schritt: Ehe man sich in die Arbeit stürzt, sollte man sich **zunächst klar machen, was das Thema eigentlich will**. Dabei sollte es nicht darum gehen, ein möglichst breites Feld abzustecken, innerhalb dessen man sich dann bewegen kann, sondern darum, präzise und eng klarzustellen
- worin der Kern des Themas zu sehen ist,
- welcher Zugriff gefordert wird,
- welche Hintergründe und Zusammenhänge heranzuziehen sind.

In unserem Fall bedeutet das: Der Gesamtrahmen ist die Französische Revolution mit dem Schwerpunkt auf der Figur des Danton. Dieses Thema muss nun noch genauer eingegrenzt werden. Es geht um die Revolution, wie sie Soboul darstellt. (Andere Autoren sehen einige Zusammenhänge anders.) Noch enger eingegrenzt: Jeder Schüler soll ja nur ein Teilkapitel bearbeiten. Also geht es um einen ganz bestimmten Ausschnitt aus dem Revolutionsgeschehen und um einen bestimmten Aspekt innerhalb dieses Abschnitts, z. B. um die „Krise des Ancien Regime". Dieser Aspekt wird aus der Perspektive darzustellen sein, die Soboul nahe legt.

2. Schritt: In einem zweiten Schritt wird man sich genauer überlegen, **was der Arbeitsauftrag eigentlich „meint"**. Dazu muss man sich klar machen:
- Was wird von mir als Referent erwartet?
- Welche Informationen soll ich bringen, welche Bereiche spielen vermutlich keine große Rolle?
- In welcher Art soll mein Referat vermittelt werden? Wie sollen die Informationen dargeboten werden?

3. Schritt: Im Mittelpunkt stehen jetzt Überlegungen im Hinblick auf den **Zweck, dem das Referat** in der konkreten (Unterrichts-)Situation **dient**. In unserem Fall bedeutet das: Es soll Hintergrundwissen bereitgestellt werden, das Textzusammenhänge in Büchners Drama klar werden lässt. Damit ergibt sich ein wichtiger Gesichtspunkt: Die Auswahl von Informationen, die in das Referat aufgenommen werden sollen, wird nicht so sehr von der Sache selbst bestimmt, über die referiert wird, sondern vom Zweck, dem das Referat dient. Es müssen also vor allem diejenigen Institutionen, Personen und Zusammenhänge bzw. Vorgänge dargestellt werden, die in Büchners Werk eine größere Rolle spielen.

Nach diesen Vorüberlegungen zum Thema, die wir für dringend notwendig halten, wird man sich um eine Sammlung von Stoff und Material zu kümmern haben.

2.2 Material sammeln

Das Sammeln von Material gestaltet sich beim Referat im Allgemeinen einfacher als bei der Facharbeit, da der Bereich, der bearbeitet werden soll, erheblich enger begrenzt ist. Am einfachsten stellt sich die Arbeit dar, wenn über ein Buch oder einen Aufsatz referiert werden soll.

Die „Materialsammlung" besteht dann darin, den Text, der Gegenstand des Referats sein soll, genau zu bearbeiten, wichtige Gedanken zu isolieren, sie wörtlich oder sinngemäß herauszuschreiben und in einer sinnvollen Anordnung so aufzubereiten, dass es möglich wird, in einem knappen Vortrag den Gesamtzusammenhang hörergerecht und verstehbar darzustellen, ohne ihn zu verfälschen.

Im naturwissenschaftlichen Bereich treffen wir auf solche „einfachen" Formen des Referats z. B. dann, wenn über einen Versuch oder eine einfache Versuchsreihe berichtet werden soll. Dabei stellt der Versuch das „Grundmaterial" dar. Man wird lediglich noch einiges z. B. zur Geschichte der jeweiligen Entdeckung, zu den „technischen Schwierigkeiten" oder zu den wissenschaftlichen Folgen bzw. Folgerungen sammeln. Allerdings ist hier zu empfehlen, sich schon in der Phase des Materialsammelns auch gleich um Anschauungsmaterial, um Skizzen, Abbildungen usw. zu kümmern. Vor allem sollte man den jeweiligen Versuch so vorbereiten, dass er während des Vortrags vorgeführt werden kann, oder man führt ihn, falls die technische Ausstattung es zulässt, vorher durch und zeichnet ihn mit einer Videokamera auf, um entscheidende Phasen veranschaulichen zu können. Etwas schwieriger gestaltet sich die Phase des Materialsammelns in den Fällen, in denen nur ein Thema vorgegeben ist, in denen es aber dem Referenten überlassen bleibt, in welcher Art und Weise er das Thema aufbereitet und sich die notwendigen Informationen beschafft. Wie Sie, ausgehend vom Thema bzw. einzelnen Themenaspekten und Stichwörtern, zu bibliographischen Angaben (also zu Angaben über weiterführende Bücher) kommen, haben wir schon im ersten Kapitel dargestellt (siehe S. 4 ff.). Es sei aber darauf hingewiesen, dass der zeitliche Aufwand für die Beschaffung von Material im Zusammenhang mit einem Referat in Grenzen zu halten ist. Sie sollten sich auf wenige zentrale Informationen konzentrieren und diese so aufbereiten, dass sie bei den künftigen Hörern sachgerecht „ankommen". In diesem Zusammenhang möchten wir besonders auf bewährte Hilfsmittel und Informationsquellen hinweisen:

- Sie sollten zunächst überprüfen, was Ihre **Schulbücher** für das entsprechende Thema hergeben. (Nicht selten werden Sie feststellen, dass z. B. Geschichtsbücher, Literaturgeschichten, Erdkunde-, Physik- und Biologiebücher eine Fülle von zuverlässigen Informationen zu den Teilgebieten enthalten, die in Referaten immer wieder eine Rolle spielen.)

- Die wichtigsten **Enzyklopädien** und großen Lexika stellen zwar nicht immer den neuesten Stand der Wissenschaft dar (nicht jede Schule kann sich immer gleich die neueste Ausgabe zulegen), aber eine erste Information erlauben sie in der Regel schon.

- Die **Handbücher** der jeweiligen Fächer sind schon sehr stark fachspezifisch ausgerichtet. Auch sie können als wichtige Informationsquellen genutzt werden, zumal auch sie in vielen Schulbüchereien verfügbar sind.

- Je nach Fach und verfügbarer Zeit werden Sie sich aber auch an **außerschulische Institutionen** (Kreisbildstelle, Reisebüro, Fremdenverkehrsamt, Amerikahaus, Heimatmuseum usw.) mit der Bitte um Informationsmaterial wenden können.

- Besonders für die Fächer Sozial-/Gemeinschaftskunde, Geschichte und Erdkunde sei an die Schriften der **Bundeszentrale für politische Bildung** erinnert, die für viele Themenbereiche eigene Hefte ausweisen.

2.3 Stoff gliedern

Die Gliederung hat die Aufgabe, den Stoff bzw. dessen Teile so anzuordnen, dass bereits anhand der Anordnung Zusammenhänge erkennbar werden. (Wir müssen schon bei der Gliederung daran denken, dass wir für einen mündlichen Vortrag gliedern, d. h. dass wir dem Zuhörer deutliche Hilfen geben müssen, die es ihm erlauben, unserem Vortrag und unserer Gedankenführung zu folgen.) Bei der Anordnung des Stoffes gibt es mehrere Orientierungsmöglichkeiten. Gerade wenn man über ein(en) Buch(abschnitt) oder einen Aufsatz referiert, kann man zunächst einmal der „Chronologie" (d. h. der Anordnung) der Textvorlage folgen.

Sinnvoller ist es oft, eine **eigene Gliederung** zu **entwerfen**, die sich vor allem am „Verwendungszweck" des Referats orientiert. Im Falle des von uns schon als Beispiel angeführten Referierens über einzelne Abschnitte der Französischen Revolution könnte das z. B. bedeuten: Man geht immer wieder von Büchners Stück aus und verfolgt von dort her einzelne Fragen in das entsprechende Kapitel der Darstellung Sobouls hinein.

Eine andere Möglichkeit der Anordnung könnte man darin sehen, dass man den Kerngedanken der Vorlage herausstellt und den Rest der Ausführungen nach logischen Gesichtspunkten um diesen Kerngedanken herum gruppiert. Das heißt, man verlässt die Reihenfolge der Ausführungen in der Vorlage und richtet sich nach deren inneren, sachlogischen Zusammenhängen. Solche Zusammenhänge können z. B. die folgenden sein:

- „Zeit" (Ablauf, früher – später, gleichzeitig …)
- „Grund" (Ursache, Motive …)
- „Zweck" (Planung, Absicht …)

Es ist auch denkbar, dass in bestimmten Fällen wiederum andere, eher „systematische" Zusammenhänge das Gliederungsprinzip abgeben, so z. B. die Frage nach Einzelteilen, die zusammen ein Ganzes ergeben. Oder man gliedert im Bereich Erdkunde nach regionalen Gesichtspunkten (Beispiel: Beschreibung der Industrieansiedlungen eines Großraums). Das Gliederungsprinzip, das man anwendet, ist also abhängig von der „Sache", über die man referieren will.

Beim Gliedern sollte aber immer der Leitgedanke sein: **Wie kann man dem Hörer das Nachvollziehen der Gedanken erleichtern?**

Die Überlegungen zum endgültigen Aufbau des Referats sollten sich um vier Fragenbereiche drehen.

- Der erste Bereich fragt nach den Hauptgedanken, die sich in **Kapitelüberschriften** ausformulieren lassen.
- Der zweite Fragenbereich beschäftigt sich mit den **Zielen und dem Zweck des Referats**.
- Der dritte Bereich hat die **thematische Abfolge** der Ausführungen zum Gegenstand.
- Der vierte Bereich gilt den **Überlegungen zum Einstieg**.

Im Einzelnen bedeutet das:

- **Die Kapitelüberschriften:** Es ist zu empfehlen, zunächst die Hauptgedanken, die wichtigsten Aspekte, eben die Kapitelüberschriften, auszuformulieren. Dabei wird man sich sowohl an dem Stoff orientieren, den man gesammelt hat, als auch an dem Problemfeld, das man bearbeitet. Man wird sich mehr und mehr vom gesammelten Stoff zu lösen haben und immer mehr vom gestellten Thema her nachdenken und formulieren.

- **Ziele des Referats:** Wenn wir uns schon so früh mit der Frage nach dem Ziel des Referats beschäftigen, bedeutet das konkret: Bei der Planung eines Referats beginnt man „von hinten". Man beginnt mit der Ausführung des Ziels. Verkürzt könnte man sagen: Die zentralen Informationen, die man dem Hörer zum Problembereich anzubieten hat, können in einem Satz (dem so genannten „Ziel-" oder „Zwecksatz") formuliert werden. Natürlich werden Sie später das Referat nicht auf diesen einen Satz beschränken wollen. Aber Sie sollten sich nicht scheuen, diesen Satz deutlich auszuformulieren und ihn sich zusammen mit dem Thema während der weiteren Vorbereitungen immer vor Augen zu halten. So werden Sie sich besonders gut dagegen schützen, vom Thema abzuweichen. Unter Umständen wird dann der Satz so, wie Sie ihn für sich als Zwecksatz formuliert haben, gar nicht vorkommen. Aber Sie sollten alle Ihre Überlegungen und Ausführungen auf dieses Ziel ausrichten.

- **Die thematische Abfolge:** Bei der Frage nach der thematischen Abfolge geht es um Grundüberlegungen zum Aufbau der einzelnen Schritte Ihrer Darlegungen. Zweckmäßigerweise werden Sie vom Ziel aus rückwärts planen. Dabei könnten Sie sich an folgenden Fragen orientieren:
  - Welche Gesichtspunkte und Teilaspekte des Problemfeldes, welche Gedanken wollen Sie besonders hervorheben?
  - Welche Zusammenhänge bestehen zwischen den Einzelaspekten (Zeit, Grund, Zweck ...)?

- Welche Argumente sind geeignet, diese Gedanken auszuführen?
- Welche Versuchsergebnisse, historischen Daten und Fakten usw. spielen eine Rolle und müssen herangezogen werden?
- Wie kann man den Zuhörern die einzelnen Aspekte einleuchtend darlegen?
- Wie kann man es anstellen, dass der Zuhörer dem logischen Aufbau der Gedankenführung leichter folgen kann?
- Welches Anschauungsmaterial steht zur Verfügung?
- Welche Bilder, Versuche, Skizzen, Grafiken usw. kann man zur Veranschaulichung einzelner Aspekte heranziehen?

Es geht also zunächst darum, den gesammelten Stoff den einzelnen Kapitelüberschriften zuzuordnen, dann die einzelnen Kapitel weiter zu untergliedern und schließlich die Großkapitel in eine sinnvolle Reihenfolge zu bringen. (Gelegentlich wird man den letztgenannten Teilschritt als ersten vollziehen und zuerst die Anordnung der Großkapitel festlegen. Das setzt allerdings voraus, dass man schon ziemlich genau weiß, was in den jeweiligen Kapiteln in welcher Reihenfolge dargestellt werden soll.)

Beim Anordnen des Stoffes stellt man die gesammelten Zitate und Gedanken in neue Zusammenhänge. Das ist nicht zu vermeiden, da man ja Ausschnitte mit anderen Ausschnitten aus anderen Zusammenhängen und mit eigenen Gedanken in Verbindung bringt. Dabei ist die Gefahr, dass der Sinn verändert, entstellt oder verfälscht wird, besonders groß. Deshalb sollte man in dieser Phase immer wieder überprüfen, ob der ursprüngliche Sinn einer Aussage auch in der neuen Umgebung noch erhalten geblieben ist.

- **Überlegungen zum Einstieg:** Der vierte Teil der Überlegungen sollte sich mit dem Einstieg beschäftigen. Im Mittelpunkt dieser Überlegungen steht die Frage nach der optimalen und auch wirkungsvollsten Hinführung zum Thema. Nachdem man sich darüber klar geworden ist, was man den Zuhörern wie mitteilen will, wird man sich überlegen müssen, wie man die Zuhörer überhaupt zum Zuhören bringen könnte, wie man ihr Interesse wecken, ihre Aufmerksamkeit erregen kann. Man wird fragen:
  - Was kann man bei den Zuhörern voraussetzen? (Muss z. B. der Inhalt eines Romans referiert werden oder ist er bekannt? Muss die Vorgeschichte einer historischen Begebenheit, über die man referieren möchte, auch dargestellt werden oder können gewisse Kenntnisse vorausgesetzt werden?)
  - Gibt es besonders interessante Teilaspekte, die geeignet sind, bei den Zuhörern Interesse hervorzurufen?

- Gibt es einen aktuellen Anlass, der direkt zum Thema überleiten könnte? (Beispiel: In Erdkunde soll über den San-Andreas-Graben referiert werden. Man beginnt mit einem Zeitungsbericht über ein Erdbeben, das gerade stattgefunden hat.)
- Gibt es Berührungspunkte zwischen dem, was der Zuhörer schon weiß, und dem, was man ihm mitteilen möchte?
- Gibt es Berührungspunkte zwischen den Interessen und Lebenserfahrungen der Zuhörer und dem Problembereich, über den man referieren wird?
- Gibt es eigene Erlebnisse im Problemfeld, die geeignet sind, die Zuhörer für die „Sache" zu interessieren? (Beispiel: In Biologie soll über die an Lernprozessen beteiligten Faktoren referiert werden. Einsteigen kann man mit einem persönlichen Erlebnis: mit verschiedenen Erfahrungen beim Vokabellernen.)

Entsprechend bieten sich nun **verschiedene Möglichkeiten des Einstiegs** an:

- **Man nennt das Ziel**, das man mit den Ausführungen verfolgt, und umreißt den Weg, den man zu gehen beabsichtigt. Beispiel: *Ich möchte euch über die Mendel'schen Gesetze informieren. Dazu werde ich zunächst über die Geschichte der Entdeckung der Gesetze berichten, dann will ich anhand eines Versuchs, den ich selbst durchgeführt habe, demonstrieren, was mit den Gesetzen gemeint ist. Schließlich will ich noch einige allgemeine Überlegungen anschließen, die vielleicht zu einer Diskussion führen können.*
- Man geht von einem **überraschenden, verblüffenden Detail** aus, zitiert eine Anekdote aus der Biografie einer berühmten Person usw. Beispiel: Anlässlich der Behandlung des Dramas ‚Der Müller von Sanssouci' soll in einem Kurzreferat über den historischen Zusammenhang informiert werden. Einstieg in das Referat: *Es gibt nur wenige historische Größen, von denen man sich so viele Anekdoten erzählt wie von König Friedrich ... Ich möchte deshalb auch mit einer Anekdote beginnen, die seinen Charakter besonders deutlich hervortreten lässt ...*
- **Man ordnet das Referatthema in den Unterrichtszusammenhang ein** und zeigt die wichtigsten Verbindungslinien auf. Es ist auch möglich, an aufgetretene Probleme zu erinnern, zu deren Klärung das Referat beitragen soll. Beispiel: *Ihr erinnert euch wohl noch an die vorletzte Biologiestunde, als wir mit dem Begriff „Mendel'sche Gesetze" nicht sehr viel verbinden konnten. Ich habe mich inzwischen kundig gemacht und möchte nun ...*

- **Man gibt das Thema** an und nennt die Quellen, Materialien, Versuche usw., auf die man sich bezieht. Beispiel: *Ich möchte euch die Mendel'schen Gesetze vorstellen. Dabei stütze ich mich vor allem auf folgende Bücher:... Außerdem habe ich selbst eigene Versuche durchgeführt, über die ich berichten möchte...*

Folgende Grobgliederung eines Referats können wir nun empfehlen:

1 Einleitung

1.1 Hier wird man zunächst die Zuhörer für die Sache interessieren, sie motivieren („zuhörerbezogener Einstieg").

1.2 Man wird dem Zuhörer mitteilen, womit er zu rechnen hat. Er soll von Anfang an wissen, worum es geht, welche zentralen Informationen er erwarten kann usw.

1.3 Schließlich kann man auch auf das Material hinweisen, das man verwendet hat.

1.4 Weiterhin wird man die Problemstellung erläutern und zeigen, in welchem Zusammenhang das konkrete Problem zu sehen ist, über das man zu sprechen gedenkt. Man wird dem Zuhörer insgesamt Hilfen geben, die es ihm erlauben, das Kommende einzuordnen, es zu überblicken und zu bewerten.

2 Ausführungen

2.1 Hier wird man wiedergeben, was man zusammengetragen hat.

2.2 Gegebenenfalls wird man an einzelnen Stellen eigene Bewertungen vornehmen.

2.3 Grundsätze für die Ausführungen sollten sein:
- Sachlichkeit,
- fachgerechte Sprache,
- Anschaulichkeit,
- hörerbezogene Vorstellung,
- kritisch-reflektierte Einstellung.

3 Schluss

Am Ende der Ausführungen wird man zunächst eine Zusammenfassung der wichtigsten Begriffe und Ergebnisse bringen. Danach wird man aber auch festhalten müssen, auf welche Gesichtspunkte man nicht eingehen konnte, was offen bleibt usw. Vielleicht wird man hier auch so etwas wie eine „Gesamtbewertung" vornehmen oder aber Gesichtspunkte hervorheben, die man als für eine Diskussion geeignet ansieht.

3 Vorbereitung des Vortrags

3.1 Mündlich oder schriftlich?

Beim Referat ist die Thematik enger auf einen Teilbereich begrenzt als bei der Facharbeit. Es wird eine weniger intensive Beschäftigung und Auseinandersetzung mit dem Thema gefordert. Aber es wird erwartet, dass der Referent „Bescheid weiß" und den Zuhörern sein Wissen mitteilen kann. **Das Referat wird** in der Regel **mündlich vorgetragen** und erfordert deshalb eine andere Sprachform als schriftliche Ausarbeitungen.

Sie sollten sich grundsätzlich überlegen, ob Sie nicht ganz auf eine schriftliche Ausarbeitung des Referats verzichten und stattdessen den mündlichen Vortrag intensiver üben sollten. (Wenn Ihr Lehrer eine schriftliche Ausarbeitung verlangt, erübrigen sich natürlich solche Überlegungen.)

Eine schriftliche Fixierung bis ins letzte Detail erweist sich beim Vortrag oft als Hindernis, da Schriftsprache eben etwas anderes ist als gesprochene Sprache. Auch eine laut vorgelesene schriftsprachliche Äußerung klingt immer noch „nach Schriftsprache". Die Unterschiede hängen eng mit den jeweiligen Kommunikationssituationen und den damit verbundenen verschiedenen Bedingungen des Verstehens zusammen. Nimmt man einen schriftlichen Text zur Kenntnis, so braucht man andere Informationen als bei der Aufnahme eines mündlichen Textes. (Ein mündlicher Text liefert z. B. über die Betonung, die Gestik und die Mimik des Vortragenden zusätzliche Verstehenshilfen.) Beim schriftlichen Text hat man die Möglichkeit, auch längere Sätze zu überschauen, sie wiederholt zu lesen, bei Einzelheiten zu verweilen usw. Ein mündlicher Text wird einmal gehört und muss dann verstanden sein. Das bedeutet:

- Die Sprachform muss sich auf Probleme einstellen, die aus der Einmaligkeit des Vortrags resultieren.
- Gelegentliche zusammenfassende Wiederholungen sind notwendig.
- Man muss häufige Redundanzen (= Wiederholungen) einbauen, um ein „Überhören" von Informationen zu vermeiden.
- Mithilfe von Betonungen müssen deutliche Akzente gesetzt werden.
- Es müssen überschaubare Sätze gebildet werden.
- Logische Abfolgen müssen besonders deutlich versprachlicht (und beim Vortrag dem Hörer signalisiert) werden.
- Das mündliche Referat wird schon bei der Vorbereitung auf eine ganz bestimmte Gruppe von Zuhörern hin geplant; es ist „situationsabhängig".

Auf all diese Forderungen gehen Sie normalerweise bei einem schriftlichen Entwurf nicht unbedingt ein. Allerdings sollten Sie sich bei Ihrem Lehrer erkundigen, worauf er mehr Wert legt. Es gibt viele Lehrer, die verlangen, dass ein Referat auch in schriftlicher Form abgegeben wird. Ist das bei Ihnen der Fall, so sollten Sie doch zwischen dem, was Sie schriftlich abgeben, und dem, was Sie für den Vortrag vorbereiten, unterscheiden. Auch der Lehrer, der ein schriftliches Referat fordert, wird beim mündlichen Vortrag Wert darauf legen, dass Sie nicht einfach vom Blatt ablesen, sondern nach Möglichkeit frei sprechen. Auf jeden Fall sollten Sie es vermeiden, ein schriftlich vorliegendes Referat zu „verlesen".

3.2 Vorbereitung des mündlichen Vortrags

Wie sollte man nun den mündlichen Vortrag vorbereiten? Worauf sollte man sich beim Vortragen stützen?

Natürlich sollen Sie nicht auf gut Glück und gewissermaßen „aus dem hohlen Bauch" heraus drauflosreden. Eine **ausgearbeitete Gliederung** ist da eine wesentlich bessere Grundlage. Wenn Sie dann noch die „untersten" Gliederungsaspekte (meist das, was unter a, b usw. steht) durch Stichpunkte ergänzen, so haben Sie eigentlich schon genügend in der Hand, um sachkundig und hörergerecht sprechen zu können. Wir empfehlen Ihnen bei der Vorbereitung des Referats folgende Technik:

- Arbeiten Sie zunächst die Gliederung aus, wie wir es vorgeschlagen haben.
- Nehmen Sie sich einen Stoß Notizzettel und halten Sie auf je einem Zettel die „Endpunkte" der einzelnen Gliederungslinien fest. Die Gliederung zu einem Erdkundereferat über den San-Andreas-Graben sieht etwa so aus:

Beispiel

> **A. Einstieg: Aktueller Anlass**
> **B. Hauptteil**
>   I. Zwei Platten verschieben sich
>   1. Verschiedene große Erdbeben
>   a) San Francisco 1906
>   b) San Francisco 1983
>   2. Zur geografischen Beschreibung des Verlaufs
>   a) Nord-Süd-Verlauf
>   b) Ost-West-Auffälligkeiten
>   3. Theorie der Plattentektonik
>   II. ...
> **C. Schluss**

Auf je einem Ihrer Zettel würden Sie nun notieren:
Einstieg: aktueller Anlass
1. großes Erdbeben: San Francisco 1906
2. großes Erdbeben: San Francisco 1983
Nord-Süd-Verlauf
Ost-West-Auffälligkeiten
etc.

Auf einem solchen Zettel, auf dem zunächst nur ein Gesichtspunkt als Stich-wort erscheint (zur Orientierung kann man auch jeweils den übergeordneten Rahmen notieren), sollte man im Verlauf der weiteren Bearbeitung die Teile notieren, die man auszuführen gedenkt. Bei der Anlage eines solchen Zettels sollte man von Anfang an genügend Raum für Ergänzungen vorsehen. Was dann im Einzelnen hinzuzufügen ist, wird man bei den Sprechproben feststel-len. Dabei wird man immer wieder zu entscheiden haben, ob die jeweilige Ergänzung mit auf den Zettel gehört, ob sie einen eigenen Zettel beansprüchen kann und ob sie dann überhaupt noch in die Reihe gehört, in die sie gerade eingeordnet wurde.

- Wenn Sie auf diese Art und Weise Ihre Gliederung „verzettelt" haben, könnten Sie mit einer ersten Vortragsübung beginnen. Nehmen Sie Ihren Zettelstapel vor sich und versuchen Sie, zu jedem Stichwort einen Satz zu bilden und zwischen den Sätzen Verbindungssätze zu formulieren.
  So werden Sie feststellen, wo in Ihrem Konzept noch Lücken sind und wo Ergänzungen notwendig werden. Sie werden aber auch feststellen, was überflüssig ist. Vor allem werden Sie nun merken, wie notwendig es ist, das Zusammengehörende als zusammengehörig zu markieren. Deshalb werden Sie an den Stellen, an denen ein neuer Gedanke, ein neuer Abschnitt usw. beginnt, einen eigenen Zettel in Ihren Stapel einfügen, auf dem Sie die neue Überschrift notieren und in einem Satz das Kommende ankündigen. In ähnlicher Weise können Sie am Ende eines Abschnitts einen zweiten Zettel mit einer Zusammenfassung des Vorausgegangenen einfügen.

- Gehen Sie nun Ihre ergänzten Zettel durch und markieren Sie:
  Wo werden Sie gesammeltes Material einbringen?
  Wo fehlt noch solches Material?

3.3 Das Vortragskonzept

Für den Vortrag selbst eignet sich die „Zettelwirtschaft", die sich so nach und nach ergibt, nicht besonders gut. Zu leicht könnte ein gewisses Durcheinander entstehen und man verlöre den Überblick. Deshalb empfehlen wir Ihnen die **Erstellung eines Vortragskonzepts**, aus dem hervorgeht,

- wie Ihr Vortrag gegliedert ist (welche Hauptkapitel aufeinander folgen, welche Zusammenhänge zwischen diesen Kapiteln bestehen ...),
- welche Ausführungen unter den jeweiligen Kapiteln zu machen sind (welche Leitaspekte Sie verfolgen),
- welche Teilinformationen Sie mitteilen wollen,
- auf welches Material Sie sich stützen,
- welche Dokumente und Veranschaulichungsmittel Sie an welcher Stelle einzusetzen gedenken.

Wir möchten Ihnen empfehlen, ein so **ausführliches Vortragskonzept** herzustellen, denn all die genannten Gesichtspunkte haben eine jeweils verschiedene Funktion. Wir wollen das am folgenden Beispiel verdeutlichen. Vorgesehen ist ein Referat zum San-Andreas-Graben im Fach Erdkunde. Sie erkennen deutlich die Gliederung in Hauptkapitel (das sind die mit römischen Ziffern bezeichneten Überschriften auf der folgenden Seite). Die **Überschriften** kann man beim Vortrag **zu Beginn des Hauptteils** zunächst einmal **anführen**, um so einen knappen Überblick über die Bereiche zu gewähren, über die man sprechen möchte. Während des Vortrags markieren diese Kapitelüberschriften diejenigen Punkte, an denen Zusammenfassungen des jeweils Vorausgehenden zur Verdeutlichung der Gedankenführung unerlässlich sind. Die **Teilaspekte der Kapitel** (mit arabischen Ziffern gekennzeichnet) sollten Sie sich notieren, um dem Hörer den Nachvollzug der einzelnen Erkenntnisschritte zu erleichtern. Bei einer **Zusammenfassung** genügt es bisweilen, diese Punkte zu wiederholen. Die **Stichpunkte** (a–c) schließlich liefern Ihnen das konkrete „Material" für Ihre Ausführungen. Auf die **Hinweise** in der rechten Spalte sollten Sie ein besonderes Augenmerk richten. Hier finden sich Angaben über Maßnahmen, die die Motivation fördern, das Verstehen unterstützen und die Anschaulichkeit erhöhen sollen. Man hält hier fest, welches Material man wie und an welcher Stelle einsetzen will.

A. Einstieg: Erdbeben in San Francisco

B. Hauptteil

  I. San-Andreas-Graben: Häufung von Erdbeben   Zeitungsartikel 1

    1. Erdbeben in letzter Zeit   Zeitungsartikel 2

      a) San Francisco 1906 (Stärke 8,2)

      b) San Francisco 1989 (Stärke 6,9)   Zeugenbericht

      c) San Francisco 1989 (Stärke 6,9)   Zeitungsartikel 3; Info: Richterskala

    2. Geografische Beschreibung des Verlaufs   Wandkarte: Nordamerika

      a) Nord-Süd-Erstreckung (ca. 150 km)

      b) Ost-West-Auffälligkeiten

  II. Theorie der Plattentektonik   Weltkarte

    1. Die großen Platten

      a) Pazifische Platte   Atlas S. 97, Karte II

      b) Amerikanische Platte   Legende unten erläutern

      c) Afrikanische Platte

    2. Verschiedene Bewegungen

      a) Voneinander weg   Folien – Projektor

      h) Übereinander hinweg (ozeanische Kruste unter kontinentale Kruste)

      c) Aneinander vorbei

    3. Die Platten am San-Andreas-Graben   Videoband

      a) Bewegung der pazifischen Platte (nach NW)   Zwei Bücher aneinander drücken und in entgegengesetzte Richtungen schieben

      b) Bewegung der nordamerikanischen Platte (nach SO)

C. Ausblick: Leben in San Francisco   Kommentar

- ungewisse Zukunft
- Das nächste Erdbeben kommt gewiss.

4 Vortrag und Verstehenshilfen

4.1 Frei sprechen

Beim Vortrag werden Sie zu den Stichpunkten, von denen wir schon wiederholt gesprochen haben, Sätze und zwischen den Sätzen Verbindungen formulieren müssen. Das kostet immer etwas Zeit zum Nachdenken. Dadurch gewinnen aber auch die Zuhörer Zeit zum Mitdenken. Sie werden natürlich den Vortrag üben. Wir können aber nur davor warnen, etwas schriftlich Formuliertes auswendig zu lernen. Wichtiger ist, dass Sie das Sprechen als solches üben. Wenn dann Ihr Vortrag bisweilen etwas „schleppend" wirkt, so sollte Sie das nicht allzu sehr beunruhigen. Es ist immer besser, etwas langsamer zu sprechen und den Zuhörer „mitkommen" zu lassen, als etwas „herunterzuspulen", das am Zuhörer wirkungslos „vorbeirauscht". Mit ein wenig Übung (natürlich vorher zu Hause, vielleicht mithilfe eines Kassettenrecorders) geht es dann doch flüssiger. Sie werden feststellen, dass ein etwas stockend ablaufender, dafür **aber freier Vortrag** immer **lebendiger** wirkt und besser ankommt als ein verlesenes Referat.

Beim Vortrag sollten Sie sich vor allem darum bemühen, den Kontakt zu Ihren Zuhörern nicht abbrechen zu lassen. Sie sollten sie gelegentlich direkt ansprechen und stets Blickkontakt suchen. Auf keinen Fall sollten Sie zum Lehrer hin sprechen. Das Referat ist schließlich als Information für die Mitschüler gedacht.

4.2 Verstehenshilfen

Da der Zuhörer beim Referat das Gesprochene nur einmal hört, müssen ihm Verstehenshilfen angeboten werden:

- Es ist ihm schon viel geholfen, wenn man **kurze, überschaubare Sätze** bildet.

- Ein **Arbeitspapier**, auf dem die Gliederung und **wichtige Gedanken in Stichpunkten** festgehalten sind, erlauben es ihm, den Gedanken leichter zu folgen. Es ist auch möglich, die Gliederung vorher auf einer Folie zu notieren und sie an die Wand zu projizieren oder sie einfach an der Tafel festzuhalten.

- In der Einleitung sollte man einen **Überblick über den Aufbau** vorausschicken.

- Während des Vortrags sollte man diesen Aufbau immer wieder knapp verdeutlichen und den **gegenwärtigen Standort markieren**.

- Wichtige **Fachbegriffe und Definitionen** kann man **den Zuhörern schriftlich vorlegen**.

- Beim Vortrag sollte man durch **Betonung, Verzögerung** und dergleichen bestimmte **Akzente setzen** und **Wichtiges besonders hervorheben**. Man sollte immer wieder innehalten, rekapitulieren, zusammenfassen und die Gesamtlinie verdeutlichen.

- **Gedankensprünge** sowie allzu überraschende Gedankenverbindungen und -entwicklungen sollte man **vermeiden**. Lässt sich ein solcher Sprung einmal nicht vermeiden, dann sollte man besonders darauf hinweisen: *Ich mache jetzt einen Sprung und beginne gleich mit* ...

- **Komplizierte Begriffszusammenhänge** sollte man **mithilfe von Strukturskizzen veranschaulichen**. Die Strukturskizze in Form einer Tafelanschrift sollte besonders dann eingesetzt werden, wenn einerseits bestimmte Beziehungen und Zusammenhänge dargestellt werden sollen und wenn andererseits während des Vortrags gezeigt werden soll, wie solche Beziehungen und Zusammenhänge sich aufbauen, wenn man also auch die Dynamik eines Prozesses in die Darstellung einbeziehen will. An einem Beispiel sei dies verdeutlicht: Im Rahmen eines Referats über die Novelle „Gustav Adolfs Page" von C. F. Meyer entwarf eine Schülerin im Verlauf des Vortrags das folgende Tafelbild. Es stellt die beiden zentralen Figuren der Novelle – den „Pagen" und den „König" – dar und hält ihre wesentlichen Eigenschaften fest, lässt aber gleichzeitig auch das Verhältnis zwischen beiden sowie die fortschreitende Entwicklung erkennen.

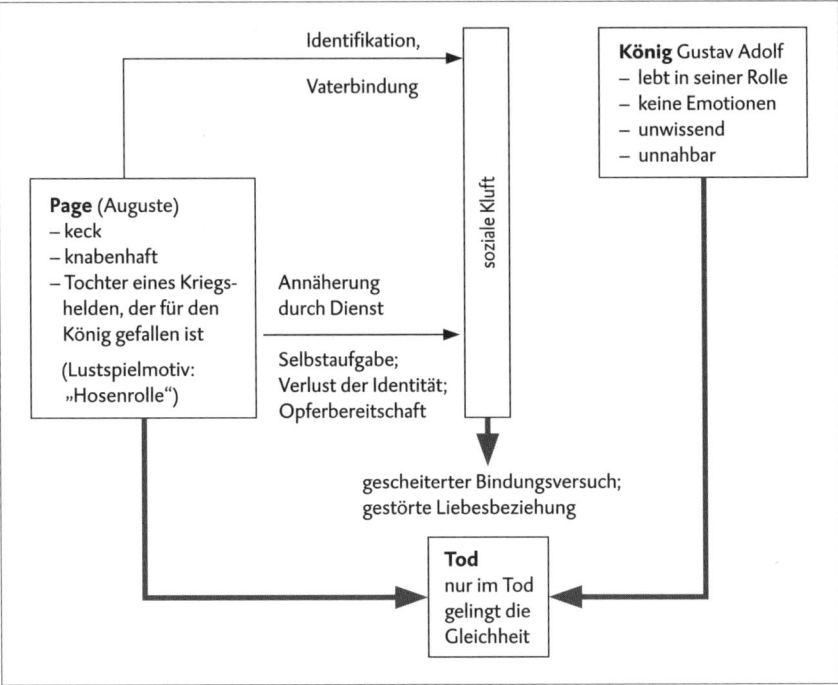

- Mit **Anschauungsmaterial** (Dokumente, Karten, Dias, Versuche, Folien usw.) sollte man nicht zu sparsam umgehen. Allerdings: Man sollte auch keine „Multimediashow" abziehen!

- Man sollte immer wieder auf **plastische Beispiele zur Veranschaulichung** zurückgreifen.

4.3 Was man schwarz auf weiß besitzt ...

Eine ganz besondere Erleichterung für den Hörer stellt die **Ausgabe von Arbeitspapieren** dar. Dabei gibt es vielfältige Möglichkeiten: Zum einen kann man Material und Dokumente ausgeben, die es erlauben, den Ausführungen und vor allem den Beweisführungen zu folgen. Wichtiger aber sind Gliederungen, Zusammenfassungen von Ergebnissen und dergleichen. Einige dieser Formen seien hier knapp vorgestellt und anhand von Beispielen vorgeführt.

- Über die Vorgabe des Gliederungskonzepts haben wir schon gesprochen. Eine Folie oder Tafelanschrift genügt, um dem Hörer die Möglichkeit zu geben, den Ablauf des Vortrags anhand der Gliederung zu verfolgen und von jedem Punkt aus zu überschauen.
- Wichtige Ergebnisse werden zusammengefasst festgehalten. Hierzu drei Beispiele:

Beispiele **Erstes Beispiel:** Teilaspekte der Französischen Revolution

Die Krise des Ancien Régime	
Es gibt 3 Stände:	
1. Stand: Klerus	– geteilt in hohen und niederen Klerus – hoher Klerus durch immense Ausgaben hoch verschuldet
2. Stand: Adel	– geteilt in Hofadel, Landadel, Amtsadel – steigende Ausgaben; Hofadel und König leben weit über ihre Verhältnisse → Schulden
3. Stand: Stadt- und Landbevölkerung	– unterteilt in viele Gruppen, die zu einem geringen Teil reich, überwiegend sehr arm sind; – trägt Last des 1. und 2. Standes
Aus den Belastungen folgen Unzufriedenheit, Armut, Hungersnöte → Protest	
Adel	3. Stand (vertreten durch reiche u. gebildete Bourgeoisie)
Macht von Gottes Gnaden schlechte Finanzpolitik außenpolitische Misserfolge	Fähigkeit soll bei Ämtervergabe entscheiden
veraltete Feudalordnung	Forderung der Philosophen: soziales Glück, Gleichheit, Freiheit. „Durch Beseitigung des privilegierten Standes wäre die Nation nicht weniger, sondern mehr!"

Zweites Beispiel: Ergebnispapier mit Skizzen aus dem Fach Erdkunde

Mariner Bergbau am Beispiel Manganknollen und Erzschlämme

Allgemeine Argumentation:

Pro: hoher Metallgehalt; schlechte Fördermöglichkeiten beim Landbergbau; infrastrukturelle Vorteile; reale Verteuerung der Landbergbauprojekte; gleich bleibender Erzgehalt

Kontra: augenblickliches Überangebot an Metallen und Energiestoffen; hoher technischer Aufwand

Entstehung von Manganknollen und Erzschlämmen:

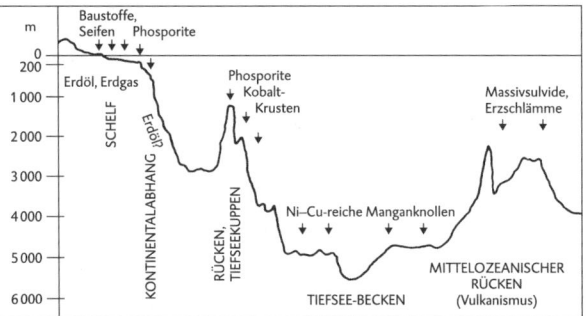

1. **Hydrogenetische Knollen** bilden sich an untermeerischen Hängen und beziehen ihre Bestandteile aus dem sehr metallhaltigen, bodennahen Meerwasser.
2. **Frühdiagenetische Knollen** entnehmen ihre Bestandteile dem oberen Bereich der Sedimentschicht.

Häufig kommen auch Mischformen vor.

Entstehungsbedingungen:

- sauerstoffreiche Umgebung (bei der mikrobiellen Zersetzung der Biomasse wird viel Sauerstoff verbraucht),
- aerobe tiefe Meereszonen (die vorher entstandenen Mn- und Fe-Verbindungen sinken ab, die Metallionen werden biochemisch ausgefällt → Erzknollen).

Verbreitung der Manganknollenfelder in den Weltmeeren:

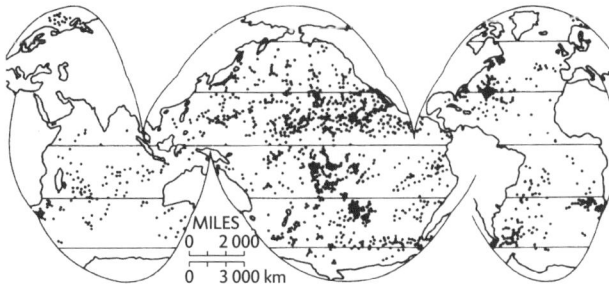

Drittes Beispiel: Ergebnispapier aus dem Fach Deutsch

Eine Besonderheit ist hier zu vermerken: Unter III werden bereits analytische Aussagen gemacht, ehe der Inhalt des Romans vorgestellt wird. Diese Aussagen betreffen die verschiedenen Zeitebenen. Sie sind notwendig, da sonst die Rekonstruktion des Romaninhalts nicht möglich wäre.

Siegfried Lenz, ‚Deutschstunde‘

I. Biografische Daten des Autors
   - Lenz wurde am 17. 3. 1926 als Sohn eines Beamten in Lyck geboren.
   - 1943 musste er vom Gymnasium (Notabitur) zur Marine.
   - 1945 ließ er sich nach kurzer Gefangenschaft in Hamburg nieder.
   - Er studierte Philosophie, Anglistik und Literaturgeschichte.
   - 1950 wurde er Redakteur für „Die Welt“.
   - Seit 1951 ist er freier Schriftsteller in Hamburg.
   - 1970 reiste er mit Brandt zur Unterzeichnung der dt.-poln. Verträge.
   - 1988 wird ihm der Friedenspreis des deutschen Buchhandels verliehen.

II. Wichtige Werke (Auswahl)
   - Es waren Habichte in der Luft (1951)
   - Brot und Spiele (1959)
   - Das Feuerschiff (1960)
   - Deutschstunde (1968)

III. Zeitebenen des Romans
   Im Roman sind zwei Zeitebenen miteinander verflochten: die Kriegsjahre 1943–45 und die Zeit Siggis auf der Insel (seine Gegenwart).
   Siggi Jepsen ist in einer Strafanstalt für schwer erziehbare Jugendliche auf einer Elbinsel bei Hamburg. Er muss eine zeitlich unbegrenzte Strafarbeit über das Thema „Die Freuden der Pflicht“ schreiben. Er beginnt über seine Kindheit zu erzählen – die zweite Zeitebene. Gegen Ende des Romans und mit Beendigung der Strafarbeit laufen die beiden Zeitebenen zusammen: Siggi hat seine Vergangenheit aufgearbeitet und ist in seiner Gegenwart angekommen.

IV. Inhalt des Romans
   Siggis Kindheit in Rugbüll
   - Die Familie (Vater Jens Ole Jepsen, Mutter Gudrun, Schwester Hilke, der 10-jährige Siggi) lebt in Rugbüll, dem „nördlichsten Polizeiposten Deutschlands“, der vom Vater verkörpert wird.
   - Der Polizist Jepsen muss dem Maler Max Ludwig Nansen, der ihm vor Jahren das Leben gerettet hat, ein von den Nazis ausgesprochenes Malverbot überbringen und dann auch überwachen.
   - Jepsen steigert sich in diese Aufgabe hinein und animiert Siggi dazu, ihm zu helfen. Der Junge hält aber zum Maler.

- Bruder Klaas, der aus einem Lazarett geflohen ist, erscheint, wird zunächst von Siggi und vom Maler versteckt, wird jedoch bei einem Tieffliegerangriff verwundet und vom Vater dem Kriegsgericht ausgeliefert.
- Vater Jepsen konfisziert beim Maler sogar leere Blätter mit „unsichtbaren Bildern".
- Jepsen macht Meldung von zwei Widersetzungen des Malers (Licht, Malverbot) und erreicht, dass der Maler für einen Tag abgeholt wird. Hier bringt Siggi zum ersten Mal ein Bild in Sicherheit (im Auftrag des Malers).
- Kriegsende: Für viele bricht eine Welt zusammen. Vater Jepsen ist gerade dabei, seine Akten zu verbrennen, als Engländer kommen, um ihn abzuholen.
- Jens Jepsen kommt zurück und macht weiter wie bisher: Hausverbot für Klaas. Er brennt Siggis Lieblingsmühle ab, in der Siggi seine Sammlung hatte.
- Als Siggi (vor dem Brand geflohen) beim Maler auf Bleekenwarf ist, verspürt er zum ersten Mal den Zwang, Bilder retten zu müssen, weil er sie bedroht sieht (hier von Flammen bedroht). Er legt in der Bodenkammer eine neue Sammlung an (mit geretteten/gestohlenen Bildern), die sein Vater aber entdeckt. Daraufhin erstattet er Anzeige.
- Siggi wird bei einer großen Nansen-Ausstellung in Hamburg gefasst und auf die Insel gebracht.
- Zunächst sieht man Siggi im Zuzugshaus, wo er Psychologen den Grund seiner Strafe aus seiner Sicht erzählt. (Er wollte nur bedrohte Bilder retten.)
- Siggi will auf der Insel zunächst in der Besenwerkstatt, dann in der Inselbücherei arbeiten.

Siggi während der Strafarbeit
- Lieblingswärter Joswig unterstützt Siggi moralisch und materiell (Zigaretten), zeigt aber auch Unverständnis für die Dauer der Arbeit.
- Psychologe Wolfgang Mackenroth gewinnt Siggis Vertrauen und darf seine Diplomarbeit über ihn schreiben, die er Siggi in Teilen in seine Zelle bringt.
- Direktor Himpel will die Strafarbeit (nach 105 Tagen) beendet sehen, Siggi weigert sich und verweist auf die anfängliche Zusage, so viel Zeit wie nötig brauchen zu dürfen, und darf weiterschreiben.
- Siggi feiert seine Volljährigkeit.
- → Beide Fäden laufen zusammen, die Abgabe der Strafarbeit und die Entlassung Siggis von der Insel stehen bevor.

V.³ Interpretation
Der Roman ist nicht endgültig einzuordnen (Entwicklungsroman, Zeitroman, Gesellschaftsroman, Künstlerroman?).

Grobgliederung:
Kapitel 1:   Gegenstand der Erzählung und Situation des Erzählers
Kapitel 2 –17:   Kindheitserinnerungen (unterbrochen durch aktuelle Ereignisse)
Kapitel 18 – 20: Der Rahmen schließt sich – zurück zur Gegenwart.

Erzählhaltung:
Ich-Erzähler, der sich in seine Vergangenheit zurückdenken muss. Er erzählt aus der Vogelperspektive (Distanz) und aus der Froschperspektive (er versetzt sich in den 10-jährigen Siggi Jepsen zurück).
Zwei Zeitebenen: Rahmen- und Binnenerzählung, die durch das Aufsatzthema „Die Freuden der Pflicht" verbunden werden.

Unterschiedliche Pflichtauffassung:
- Jepsen hat einen starren Begriff von der Pflicht und sieht somit den politischen Auftrag als eigenes Gesetz an.
- Nansen lehnt zwar nicht die Pflicht, aber das aus ihr abgeleitete und nicht überdachte Handeln ab.
- Wärter Joswig fasst seine Pflicht gemäßigt auf und nimmt menschlichen Anteil an Siggis Strafarbeit.

4.4 Das Thesenpapier

Bisweilen wird auch die Form des argumentativen Referats gefordert, bei der es darum geht, vorgegebene bzw. selbst entwickelte Thesen zu entfalten und argumentativ zu vertreten, um so die Grundlage für eine folgende Diskussion zu legen. Selbstverständlich steht auch bei einem solchen Referat die sachbezogene Information nicht ganz außerhalb. Allerdings: Die inneren Zusammenhänge der Ausführungen sind oft recht komplexer Art, da es hier immer wieder um kompliziertere logische Beziehungen geht. Um dem Zuhörer das Verstehen eines solchen Referats zu erleichtern, sollte man ihm zumindest die Basis, eben die Thesen selbst, in die Hand geben. Beim Referieren orientiert man sich dann an den einzelnen Thesen, ihrer Abfolge und ihren Zusammenhängen. Aufgabe des Referats ist es, die Thesen zu erläutern und die jeweiligen gedanklichen Hintergründe herauszustellen. Wie weit man die Thesen aus-

---

3 Zum Teil entnommen aus Worm-Kaschuge, Heidrun; Lenz: Deutschstunde. Untersuchungen zum Roman, Beyer Verlag, Hollfeld / Ofr. 1982

arbeitet, ist von der konkreten Situation abhängig. Es ist sehr wohl möglich, dass man die erläuternden und die begründenden Unteraspekte im Papier weglässt. Im Referat sollten sie allerdings schon vorgetragen werden.

Da es darum geht, einen Standpunkt deutlich und profiliert darzustellen, ist es zulässig, „einseitig" und u. U. auch „übertrieben" zu formulieren. Die „Argumentation" muss nicht vollständig ausgeführt werden. Das ist Aufgabe der Diskussion. Es sollte aber beachtet werden, dass thematische Zusammenhänge innerhalb eines Thesenblocks gewahrt werden. Je weiter „unten" in der Hierarchie eine Aussage angesiedelt ist, umso konkreter muss sie sein. (Beispiel: 2.3 muss abstrakter sein als 2.3.2.) Die „Unterpunkte" dienen dazu, den übergeordneten Punkt zu entfalten, zu begründen oder zu belegen. Belege wird man allerdings selten aufnehmen.

Beispiel Beispiel: Es ist eine Diskussion geplant, in der das Verhalten und das Lebenskonzept des „Taugenichts" von Joseph von Eichendorff zur Debatte stehen. Das folgende Thesenpapier soll die Diskussion in Gang setzen.

Thesen zur Arbeitsgruppe II

Thema: „Der Taugenichts" als Antithese zum Leistungsprinzip

0 **Vorbemerkung:**
Zwar orientiert sich der Begriff „Taugenichts" an der von Eichendorff geschaffenen literarischen Gestalt, doch soll darunter in den folgenden Thesen vor allem eine Haltung der Welt gegenüber bezeichnet werden, wie sie sich auch in anderen literarischen Ausarbeitungen niedergeschlagen hat. Die Thesen sind ‚disputandi causa' formuliert und stellen nicht unbedingt unsere politische Meinung dar:

1 **Die Haltung des „Taugenichts" ist die humane Antwort auf die inhumane Herausforderung durch das Leistungsprinzip.**

1.1 Das Leistungsprinzip stellt als abgeleitete Größe ein Überbauphänomen dar, bei dem die Tatsache wie die Bedingungen der Ableitung nicht mehr bewusst gehalten werden.

1.2 Der Zusammenhang Leistungsprinzip – Ehrgeiz – Aggressionstrieb lässt sich mit den Begriffen „gesteuerte Sublimation, Kanalisation, Entfremdung" andeuten:
  1.2.1 Der objektgerichtete Aggressionstrieb wird „entkonkretisiert" und auf ein abstraktes Objekt gerichtet. Resultat: Leistung kann dann auch ohne das Ziel direkter Bedürfnisbefriedigung gefordert werden.
  1.2.2 „Ehrgeiz" ist – das zeigt eine semantische Analyse des Begriffs „Ehre" – kein menschlicher Grundtrieb, sondern eine gesellschaftlich ausgearbeitete Form der Sublimation des Aggressionstriebs, die ebenfalls die ursprüngliche, situativ-objektbezogene Trieborientierung aufhebt.

1.2.3 Historisch zu sehende Strukturfelder schaffen der orientierungslos gewordenen Triebenergie Ziele, die in Normencodices sanktioniert und verbindlich vorgeschrieben werden.

1.2.4 Damit ist die Möglichkeit der Fremdsteuerung gegeben. Die so geschaffenen „Produktionsverhältnisse" führen zwangsläufig zur Entfremdung.

1.3 Die Taugenichtshaltung versteht sich als rigorose Ablehnung fremdgesteuerter Triebregulierung.

2 Die Taugenichtshaltung ist die vernunftgemäße – wenn auch mythisch-vorrationale – Antwort auf die deformiert-bürgerliche (philisterhafte) Version sozialdarwinistischer Vorstellungen/Implikationen.

2.1 Der Ehrgeiz, in feudal strukturierten Epochen/Systemen noch gebunden an zwischenmenschliche Bereiche/Aktivitäten, wird im bürgerlich-philiströsen Denken an Besitzobjekte (bzw. deren abstrakteste Form: das Geld) gebunden und ideologisch „vermarktet".

2.2 Der im Zusammenhang mit der notwendigen Bedürfnisbefriedigung zu sehende „Gebrauchswert" der Objekte wird weitgehend ersetzt durch den (im gesellschaftlichen Feld dann relevant werdenden) „Tauschwert".

2.3 Damit wird dem ursprünglichen Aggressionstrieb ein gesellschaftlich gebilligtes Ventil geschaffen.

2.3.1 Die Aggression richtet sich – vordergründig – nicht auf den Mitmenschen, sondern auf die Anhäufung von Objekten.

2.3.2 Der Mitmensch tritt als Konkurrent auf. Im Kampf um Objekte wird er zum Gegner.

2.3.3 Der „Sieger" als der „Überlebende" hat – man beachte die Wortbildung! – die „Konkurrenz" ausgeschaltet.

2.3.4 Redensarten/Sprichwörter sichern das Verhalten ab („Das Glück hilft dem Tüchtigen", „Jeder ist seines Glückes Schmied" usw.).

2.4 Der „Taugenichts" lehnt die über die Bedürfnisbefriedigung hinausgehende Aneignung von Objekten ab.

2.4.1 Die Vernunft kontrolliert damit den Verstand, indem sie ihm Ziel und Grenzen vorgibt.

2.4.2 Der Gebrauchswert bestimmt den Tauschwert.

2.4.3 Menschliche Tätigkeit steht zunächst im Dienst der Selbstverwirklichung. Offenkundig wird das Problem im Bereich Kunst: Das künstlerische Produkt als Versuch der Selbstverwirklichung und der gesellschaftliche Zwang, es zu vermarkten, führen den Künstler in einen „tragischen" Konflikt: vgl. Cardillac im ‚Fräulein von Scuderi'.

2.5   Der „Taugenichts" orientiert sich an zwei Leitgrößen:
- Bedürfnisbefriedigung
- Selbstverwirklichung
      2.5.1 Die Selbstverwirklichung erstrebt er als „homo ludens", freilich ohne dabei in Konkurrenz zu seinen Mitmenschen zu treten.
      2.5.2 Er stellt damit in mythisch-vorrationaler Form die am weitesten fortgeschrittene Ausarbeitung menschlichen Bewusstseins (in Opposition zum Biologistischen: „Der Mensch ist, was er isst" und zum „homo homini lupus") dar.
      2.5.3 Die seine Existenz bestimmende Haltung des „homo ludens" gestattet es dem Taugenichts, die ihm von der (Leistungs-)Gesellschaft auferlegten Normen (vorläufig) zu akzeptieren, sie aber auch spielerisch aufzuheben (bzw. sie zu „humanisieren") oder sich in der ihm eigenen Ironie von ihnen zu distanzieren.

3   Der Taugenichts versteht sich als Antiheld und damit als Infragestellung jedes „agonalen" wie tragischen Helden. (Historische Ausarbeitungen dieses Bewusstseins wären z. B.: Hirtendichtung: Idylle, bes. in der von Schiller angegriffenen Form; u. U. Felix Krull, Fänger im Roggen, Edgar Wibeau …)

3.1   Das von Tucholsky auf den Begriff gebrachte „lieber fünf Minuten feige als lebenslänglich tot" stellt eine der Grundstrukturen des Taugenichts dar, insofern er Begriffe wie „Feigheit", „Tapferkeit" usw. ignoriert.

3.2   „Tragik" wird aufgedeckt als eine von der jeweiligen Gesellschaft hergestellte Konstellation, innerhalb derer dem nach Kohärenz strebenden Individuum nur das „heldische Trotzdem" und damit das Scheitern bleibt. Der „Taugenichts" akzeptiert diese hergestellte Tragik nicht, sondern entzieht sich ihr kraft der Distanz schaffenden Ironie.

3.3   Damit gewinnt der Taugenichts dem Agon die spielerische Grundstruktur zurück, bei der es um spielerische Verwirklichung menschlicher Existenz – ohne Sieger und Besiegte – geht.

4   Angesichts des die Gegenwart bestimmenden, durch das nicht weiter hinterfragte Ideologem „Wirtschaftswachstum" abgesicherten Leistungsprinzips stellt die Haltung des Taugenichts eine der wenigen Möglichkeiten dar, als Mensch zu überleben.

Facharbeiten als Beispiele

Auf den folgenden Seiten drucken wir Schülerarbeiten aus verschiedenen Fächern ab. In den vorausgehenden Kapiteln haben wir immer wieder auf diese Facharbeiten verwiesen und allgemeine Hinweise an diesen konkreten Beispielen festgemacht. Hier bietet sich Ihnen eine Übersicht über die unterschiedlichen Arbeitsweisen in den einzelnen Fachbereichen. Gleichzeitig können Sie aber auch viele Gemeinsamkeiten feststellen. So sollten Sie die Arbeiten als Angebote sehen, die Ihnen verschiedene Möglichkeiten eröffnen:

- Sie können verfolgen, wie man Sekundärliteratur heranzieht, verarbeitet, in die eigenen Ausführungen integriert und richtig zitiert (Facharbeit Deutsch);
- Sie können beobachten, wie man verschiedene Quellen zusammenführt und in einen flüssigen Text integriert (Facharbeit Geschichte);
- Sie können sehen, wie man Versuchsanordnungen beschreibt, Versuchsreihen festhält und wie man sie auswertet (Facharbeit Physik);
- Sie können feststellen, wie man die Untersuchungsmethode offen legt und die Abhängigkeit der Ergebnisse von der angewandten Methode darstellt (Facharbeit Chemie);
- Sie werden sehen, wie man Informationsquellen verschiedenster Art nutzt (Facharbeit Geschichte);

1   Facharbeit für das Fach Deutsch

**Thema: Hartmann von Aue: Gregorius –
Thomas Mann: Der Erwählte**
von Bettina Schardt

Verarbeitung einer Vorlage als literarisches Mittel

Gliederung

0   Einleitung
0.1   Begründung des Themas
0.2   Zur angewandten Methode
0.3   Die Autoren: Hartmann von Aue, Thomas Mann

1   Vergleich der Inhalte
1.1   Die wichtigsten Figuren
    1.1.1   bei Hartmann: zentrale Figuren, Nebenfiguren
    1.1.2   bei Thomas Mann: zentrale Figuren, Nebenfiguren
1.2   Die Handlungsentwicklung
    1.2.1   bei Hartmann
    1.2.2   bei Thomas Mann

2   Erzählperspektivik und Erzählhaltung
2.1   bei Hartmann
2.2   bei Thomas Mann

3   Psychologie bzw. Theologie
3.1   Inhaltliche Darstellung des Inzestmotivs
    3.1.1   bei Hartmann
    3.1.2   bei Thomas Mann
3.2   Bewertung des Inzests durch die Wortwahl
    3.2.1   bei Hartmann
    3.2.2   bei Thomas Mann
3.3   Bewertung der zentralen Figur
    3.3.1   bei Hartmann
    3.3.2   bei Thomas Mann

4   Schlussbemerkungen

0 Einleitung

0.1 Begründung des Themas

Die ersten Rezensionen, die nach dem Erscheinen des „Erwählten" geschrieben wurden, behaupteten, dass Thomas Mann abgeschrieben und somit nur eine Nacherzählung der „maere von dem guoten sündaere", die Hartmann von Aue um 1197 verfasst hatte, geschrieben hätte.[1] Die Rezensenten scheinen Recht zu haben: Handlungs- und Figurenanlage, Figurenentwicklung, Konfliktstrukturen und -lösungen scheinen fast identisch mit denen des Hartmann'schen „Gregorius". Schaut man allerdings genauer hin, scheint es doch erhebliche Unterschiede sowohl hinsichtlich der „inneren Konstitution" der Figuren, ihrer Handlungsmotive als auch vor allem hinsichtlich der psychologischen Abläufe, die besonders bei Thomas Mann in den Vordergrund treten, zu geben. Der Schwerpunkt der Arbeit wird darauf liegen, einen Vergleich zwischen beiden Werken anzustellen, wobei Parallelen wie Unterschiede auf den verschiedenen Ebenen (Konfiguration, Handlungsentwicklung etc.) herausgearbeitet werden sollen.

0.2 Zur angewandten Methode

Die Komplexität des Themas erfordert verschiedene methodische Zugriffe: So wird es notwendig sein, beschreibend die Figurenmerkmale, die Handlungsmotivik und die Handlungsentwicklung herauszuarbeiten, gleichzeitig aber wird über die reine Inhaltlichkeit hinaus nach theologischen Hintergründen gefragt werden müssen. Diese theologischen Hintergründe können von uns nur aus der damaligen historischen Situation heraus verstanden werden, die auch, soweit dies im beschränkten Raum der vorliegenden Arbeit möglich ist, dargestellt werden muss. Über die Figurenbeschreibung und die Beschreibung der Inhalte (Handlungen) beider Werke werde ich somit zu einer tieferen Begründung kommen, die sich aus der Inhaltlichkeit und der historischen Situation des Hochmittelalters (die man wiederum vor allem theologisch begreifen wird) ergibt. Thomas Manns Werk wird man stärker psychologisch untersuchen müssen, weil für ihn diese Theologie des Mittelalters nicht mehr als verbindlich angesehen werden kann. (Der zeitliche Unterschied zwischen

---

1 Vgl. Hilscher, Eberhard: Thomas Mann – sein Leben und Werk; Verlag Das Europäische Buch, Westberlin 1983

beiden Werken beträgt 750 Jahre.) Darüber hinaus müssen die Erzählhaltung und die Erzählperspektivik berücksichtigt werden. Das heißt, es wird zu fragen sein, wie die jeweiligen Autoren mit ihren Figuren umgehen und wie sie sich gegenüber ihren Figuren und gegenüber dem Geschehen selber verhalten.

0.3 Die Autoren

Geschichte und geschichtliche Zusammenhänge spielen, das wurde jetzt schon deutlich, eine große Rolle. Deshalb wird es unumgänglich, zunächst kurz die Biografie der beiden Autoren zu referieren. Es kann hier nicht darum gehen, die einzelnen Werke der Autoren aufzuzählen, sondern nur den historischen Ort auszumachen, an dem das hier infrage stehende Werk entstanden ist.

Hartmann von Aue[2]

Über die mittelalterlichen Dichter ist an Daten und Fakten fast nichts überliefert. Hartmann macht es uns da etwas einfacher, indem er seine Person zu Beginn des „Armen Heinrich" ziemlich deutlich charakterisiert:

„Ein ritter so gelêret was
daz er an den bouchen las
swaz er daran geschriben vant:
der was Hartmann genannt,
dienstmann was er zOuwe"

Hier erfahren wir den Namen: Hartmann; seinen Stand und seine Stellung: Er war Ritter (privilegierte Schicht von Soldaten) und „dienstmann", also Ministeriale (Schicht, die sich, ursprünglich unfrei, seit dem 12. Jahrhundert dem Adel nähert)[3]. Seinen Bildungsgrad beschreibt er nicht ohne Stolz: Er beherrscht das Lesen. Zu guter Letzt nennt er eine geografische Herkunftsbezeichnung: „zu Aue". Da das „zu Aue" nicht näher lokalisiert wird, kann man Hartmanns Herkunftsort nur ungenau bestimmen. Konrad Zwierzina lokalisiert ihn innerhalb des alemannischen Sprachraums (das alte Herzogtum Schwaben): Württemberg, die deutsche Schweiz, Elsass und Südbaden sowie der schwäbische Teil Bayerns kommen infrage.

---

2 Im Folgenden beziehe ich mich auf: Wapnewski, Peter: Hartmann von Aue, J. B. Metzler'sche Verlagsbuchhandlung, Stuttgart ²1954
3 Vgl. Bumke, Joachim: Höfische Kultur, Literatur und Gesellschaft im hohen Mittelalter. Deutscher Taschenbuch Verlag, München 1986, S. 50

Thomas Mann[4,5]

Thomas Mann wurde am 6. Juni 1875 in Lübeck geboren. Er hatte neben dem vier Jahre älteren Bruder Heinrich noch drei jüngere Geschwister, Julia (geb. 1877), Carla (geb. 1881) und Viktor (geb. 1890). Sein Vater war Chef der seit 1790 bestehenden Getreidehandelsfirma und Schiffsreederei Mann, die die Söhne einmal übernehmen sollten. Jedoch sowohl Heinrich als auch Thomas entwickelten schon früh andere Neigungen. So war Thomas durch einen Hang zum Theaterspielen und zur Musik geprägt. 1889–1894 besuchte er das Lübecker Realgymnasium „Katharineum". Wie er später sagte, war das für ihn verlorene Zeit. 1891 war sein Vater gestorben und hatte zuvor die Liquidierung der Firma verfügt. Diese Auflösung des väterlichen Besitztums war für Thomas Mann das entscheidende Erlebnis seiner Jugend. Er sah darin später „eine Erscheinung des Niedergangs der bürgerlichen Gesellschaft und das Fin de siècle überhaupt". Im Zeichen dieses Endes begann er bald zu dichten. 1894 folgte er seiner Mutter nach München, um kurz darauf von dort aus nach Italien aufzubrechen, wo er nach und nach den Zugang zur Weltliteratur fand. In Italien fing er an, für die „Buddenbrocks" Material zu sammeln, die er 1900 fertig stellte. Von 1901 bis 1933 lebte Thomas Mann als freier Schriftsteller in München. 1905 heiratete er Katja Pringsheim, mit der er sechs Kinder hatte. 1929 wurde ihm in Stockholm der Nobelpreis für Literatur verliehen. 1933 emigrierte er nach England, ab 1936 (nach seiner Ausbürgerung) reihte er sich in die antifaschistische Front ein und nahm die tschechoslowakische Staatsbürgerschaft an. 1938 siedelte er in die USA über, wo er 1944 die amerikanische Staatsbürgerschaft erwarb. 1948–51 schrieb er mit Unterbrechungen den Gregoriusroman „Der Erwählte". 1952 kehrte er nach Europa zurück und ließ sich in der Schweiz nieder. 1955 starb er in Zürich.

---

4 Siehe Anmerkung 2
5 Vgl. auch Schröter, Klaus; Kusenberg, Kurt (Hrsg.): Thomas Mann in Selbstzeugnissen und Bilddokumenten, Rowohlt Taschenbuch Verlag, Hamburg 1964

1 Vergleich der Inhalte

1.1 Die wichtigsten Figuren

1.1.1 bei Hartmann

Zentrale Figuren

Gregorius: Durch einen Bruder-Schwester-Inzest kommt es zur Geburt eines Jungen, der später den Namen Gregorius erhält. Seine Mutter gibt ihm eine Tafel mit auf den Weg, auf der seine „hohe Bürte" beschrieben und er aufgefordert wird, für seine armen Eltern zu büßen. („ez waere von gebürte ho,/ unde diu ez gebaere/ daz diu sin base waere,/ sin vater waere sin oehein,/ ez waere, ze helne daz mein,/ versendet ufe den se." V. 734–739; „so buozte er zaller stunde/ durch siner triuwen rat/ sines vater missetat" V. 756–758)

Gelegenheit zu solcher Buße hätte er auf der Klosterinsel, wo er landet und erzogen wird. In späteren Jahren könnte er die Nachfolge des Abtes antreten. Den Rat des Abtes schlägt er aber aus und beharrt auf seinem Wunsch, die Insel zu verlassen und Ritter zu werden („ich würde gerne ritter" V. 1 503). Alsbald zieht Gregorius aus, um seine Mutter zu suchen.

Eine weitere Sünde begeht er, als er bei der (noch unerkannten) Mutter bleibt und die Suche nach seiner Herkunft nicht fortsetzt. Es kommt zum Mutter-Sohn-Inzest, nach dessen Aufdeckung Gregorius eine lange Buße auf einem Felsen antritt. Durch die unermessliche Gnade Gottes wird der Büßer erlöst und zum Papst erwählt.

Die Schwester, Mutter und Gattin des Gregorius: Durch Einflüsterung des Teufels und durch die ungezügelte Leidenschaft des Bruders kommt es zum Bruder-Schwester-Inzest. Das daraus hervorgegangene Kind soll nach dem Willen seiner Mutter „an der Sünde keinen Anteil haben". („jâ ensol ez gotes hulde/ niht dâ mite hân verlorn,/ ob wir zer helle sin geborn,/ wande ez an unser missetât/ deheiner slahte schulde hât" V. 478–482)

Als ihr Bruder auf Pilgerfahrt geht, gebiert sie im Hause des Alten, unter dessen Schutz sie steht, „den guoten sündaere". Nur wenig später wird der Knabe mit seiner Tafel und Geld für Taufe und Erziehung auf dem Meer ausgesetzt. Deswegen und wegen des Todes ihres Bruders und Gatten hat die junge Mutter großes Leid zu tragen. Sie ist nun Herzogin, will jedoch keinen der Bewerber als ihren Mann annehmen, sondern entsagt aller Freude und Bequemlichkeit, um sich die Gnade Gottes zu verdienen.

Gregorius, inzwischen ausgezogen, um seine Herkunft zu erkunden, gelangt zu ihrer Stadt und will diese gegen den bösen Herzog, der die Herzogin begehrt, verteidigen. Er fordert ihn zum Zweikampf und siegt. Daraufhin bitten die Landesherren ihre Herzogin, einen Gatten zu nehmen. Ihre Wahl fällt auf Gregorius, den tapferen Ritter und Befreier ihres Landes. Sie heiraten und alles nimmt einen guten Verlauf, bis die Herzogin über eine Magd von der Tafel erfährt und diese bald entdeckt. Sie erkennt in ihrem Gatten ihren Sohn, der als Büßer weggeht. Angesichts der Ungeheuerlichkeit des Inzests sieht Gregorius für sich nur eine Möglichkeit der Aussöhnung mit Gott: Die lebenslange, strengste Form der Buße: Das Leben als Einsiedler auf dem Felsen. Seiner Mutter trägt er auf, ihr Vermögen unter die Armen zu verteilen und ein Kloster zu gründen.

Als Gregorius Papst geworden ist, kommt sie zu ihm, um Befreiung von ihrer Sündenlast zu finden. Er erkennt seine Mutter und ist froh, sie im Alter bei sich zu haben.

Nebenfiguren[6]

Der Bruder/Vater des Gregorius: Der Bruder trägt durch seine ungezügelte Leidenschaft die Schuld am Inzest. Zur Buße geht er auf Pilgerfahrt zum Heiligen Grabe, wo er auf Rat des Alten (eines Vertrauten des Hofes) die Sünde büßen soll. Aus Sehnsucht nach seiner Schwester und Gattin stirbt er auf der Fahrt.

Der Alte: Der Alte wird von den Geschwistern um Rat gefragt und schickt den Bruder auf Pilgerfahrt. Vorher verlangt er den Treueeid aller Großen des Landes für die Schwester, die im Todesfalle ihres Bruders nicht der Welt entsagen, sondern als Regentin und Herzogin ihre fromme Gesinnung zeigen soll. Danach nimmt er das Mädchen mit zu sich nach Hause, wo sie das Kind unbemerkt zur Welt bringen soll.

Der Abt: Der Abt sieht zu, als die Fischer das Kind im Fässchen an Land bringen, und veranlasst, dass das Kind bei dem armen Fischer unter dessen Kindern aufwachsen darf. Kurz darauf tauft er es auf seinen Namen Gregorius. Nachdem Gregorius, der ab seinem sechsten Lebensjahr im Kloster erzogen und belehrt worden ist, erfahren hat, dass er ein Findelkind ist, will er weg. Der Abt versucht zwar, ihn zum Bleiben zu überreden, schafft es aber nicht, woraufhin er dem Jungen seine Tafel zu lesen gibt. Gregorius schlägt den Rat des Abtes aus („unde diene gote hie. / jân übersuch er dienest nie. / sun, nu

---

6 Vgl. Schwartz, Ernst: Hartmann von Aue – Gregorius, Der arme Heinrich. Wissenschaftliche Buchgesellschaft, Darmstadt 1967

stant im hie ze klage/ und verkoufe dine kurzetage/ umbe daz ewige leben./ sun, den rât wil ich dir geben." (V. 1 793–1 798)) und zieht lieber als Ritter in die Welt.

Die Fischerin: Sie ist die Pflegemutter des Gregorius und zudem diejenige, die ihm im Streit verrät, dass er ein Findelkind ist.

1.1.2 bei Thomas Mann

Zentrale Figuren

Gregorius: Gregorius ist Kind der Geschwister Wiligis und Sibylla. 17 Tage nach seiner Geburt wird er von seiner Mutter und Frau Eisengrein auf dem Meer ausgesetzt. Das Boot mit dem Fässchen, in dem der Knabe liegt, treibt zu einer Klosterinsel, deren Abt Gregorius den Jungen auf seinen Namen tauft und ihn bei einem Fischer in Pflege gibt. Im Alter von sechs Jahren kommt Gregorius ins Kloster. Während seiner Kindheit und frühen Jugend hatte er verschiedene (Kose-)Namen: Grigorß, Credemi, Trauerer, Tristanz, der Sorgsame. Im Streit mit seinem Ziehbruder Flan erfährt er von seiner Pflegemutter die bittere Wahrheit, dass er nur ein Findelkind ist. Auf seine Frage, woher er komme, gibt ihm der Abt seine Tafel. Nachdem Gregorius somit die volle Wahrheit erfahren hat, beschließt er gegen den Willen des Abtes, fortzuziehen und seine Mutter zu suchen. („Lieber will ich in der Wüste sterben und verderben, als länger auf diesem Eiland leben. Unehre vertreibt mich." S. 82; „Ich muss fort, denn seit ich weiß, wer ich nicht bin, gilt mir eines nur: die Fahrt nach mir selbst, die Wissenschaft, wer ich bin. ... aber ich muss fahren. Nach Ritterschaft steht all mein Sinn, und besser wahrlich, ein Ritter Gottes sein, als ein betrügerischer Klostermann!" S. 84; „... sondern in mühsamer Fahrt das Glück zu versuchen, ob es mir nicht enthüllen will, wer ich bin." S. 86)

Er geht auf Reisen und kommt nach Bruges zu Herrn Poitewin, der ihn unterstützt, Ritter zu werden. Herr Poitewin ermöglicht ihm auch, die Herrin zu sehen, um derentwillen Minnekrieg geführt wird. Gregorius greift in den Krieg ein und fordert den bisher unbesiegbaren Roger „Spitzbart", der die Herrin begehrt, zum Zweikampf, den Gregorius gewinnt. Aus Dankbarkeit nimmt die Herzogin Grigorß als ihren Seneschalk auf. Auf Bitten ihrer Untertanen hin heiraten die beiden und bekommen nach neun Monaten ein Töchterlein mit Namen Herrad. Drei Jahre später entdeckt die Herzogin die Tafel und erkennt ihren Sohn. Gregorius verlangt von ihr ein Leben in Armut. Er selbst zieht im Büßerhemd weg und gelangt zu einem Fischer, der ihm hämisch anbietet, ihn auf einen entlegenen Felsen zu bringen und dort anzuketten. Gregorius nimmt diese Gelegenheit zur Buße dankbar an: „Der Vorschlag ist sehr gut. Gott gab ihn Euch ein. Ich danke Ihm und Euch und bitte Euch: Helft mir zu dem Stein!" (S. 143)

Auf dem Stein schrumpft er im Laufe der Jahre zwar immer mehr, doch nährt ihn eine Flüssigkeit (Mutterquelle).

Nach 17 Jahren kommen in Rom beide Päpste ums Leben, sodass Gott zwei Männer entsendet, Gregorius zu holen und ihn zum Papst zu machen. Sie finden ihn tatsächlich („Hier findet ihr nur, den Gott sich erwählt hat zum untersten, äußersten Sünder." S. 174; „. . . kein Platz war für mich unter den Menschen. Weist mir Gottes unergründlich Gnade den Platz über ihnen allen, so will ich ihn einnehmen voller Dank, dass ich binden und lösen kann." „. . . Holde Eltern, ich will euch lösen." S. 176) und nehmen ihn mit.

Auf der Rückfahrt wird aus ihm wieder ein Mann normaler Größe. Beim Fischer findet Gregorius zu seiner großen Freude die vor 17 Jahren vergessene Tafel wieder. Gregorius vom Steine wird Papst, ein sehr großer, gerechter und milder Papst, „eher geneigt zu lösen als zu binden".

Sibylla: In der Nacht nach des Vaters Tod begeht sie mit ihrem Bruder die Verfehlung. Wiligis zieht daraufhin zur Buße ins Heilige Land, während Frau Eisengrein die schwangere Sibylla zu sich nimmt. 17 Tage nach der Geburt setzen die beiden Frauen das Kind, ausgestattet mit Geld, Seide und einer Tafel, auf dem Meer aus. Auf der Tafel hat Sibylla dargelegt, wie es um die Herkunft und die Eltern des Jungen bestellt ist. Nach Wiligis' Tod entsagt sie 18 Jahre lang allen Männern, bis Gregorius zu ihrer Stadt kommt und diese vom Minnekrieg befreit. Auf Bitten ihrer Untertanen heiratet die Herzogin den tapferen Ritter und bekommt neun Monate später ein Kind von ihm. Nach drei Jahren entdeckt sie mithilfe einer Magd die Tafel und erkennt in ihrem Gatten ihren eigenen Sohn. Nachdem Gregorius im Büßerhemd weggegangen ist, führt sie ein Leben in Armut, das Töchterchen erhält den Namen „Stultitia". Als sie nach Jahren hört, dass in Rom ein milder, gerechter Papst seine Herrschaft angetreten hat, reist sie zu ihm und beichtet ihre Sünden, woraufhin Gregorius sich ihr zu erkennen gibt.

Nebenfiguren
Wiligis: In der Nacht nach des Vaters Tod begeht er mit seiner Schwester die Verfehlung. Bisher hat er unter den strengen Augen des Vaters gestanden, jetzt ist nur noch Hanegiff, der Hund, da, der von Wiligis getötet wird. Als ihm die Schwester beichtet, dass sie schwanger ist, zieht er zur Buße mit dem Knappen Anaclet ins Heilige Land. Er stirbt allerdings aus Sehnsucht nach seiner Schwester schon vor Massilia.

Frau Eisengrein: Sie ist die Gattin des Verwalters von Wiligis und nimmt die schwangere Sibylla auf. Bei der Geburt steht sie ihr helfend zur Seite und berät sie auch bei der Aussetzung des Kindes.

Der Abt Gregorius: Er bekommt mit, dass die Fischer einen Knaben gefunden haben, und gibt denselben in die Obhut des Fischers Wiglaf. Wenig später tauft er das Kind auf den Namen Gregorius. Die Tafel, das Geld und die Seide, die das Kind bei sich hatte, nimmt er in Verwahrung. Als das Kind sechs Jahre alt ist, veranlasst der Abt, dass es ins Kloster kommt, um die dortige Erziehung zu genießen. Er sieht im jungen Gregorius seinen Nachfolger und nicht, wie Gregorius selbst, einen Ritter. Er lehnt den Wunsch des Zöglings, Ritter zu werden, zunächst ab, lässt ihn dann aber doch ziehen.

Der Fischer: Er ist grob zu Gregorius und nimmt ihn nicht ernst. Zudem bringt er ihn auf einen Felsen, schließt ihn dort an und wirft den Schlüssel ins Meer, sodass eigentlich keine Rettung mehr möglich ist. Nach 17 Jahren aber fängt er einen Fisch, der genau diesen Schlüssel verschluckt hat. Mit zwei Herren, die den neuen Papst suchen, fährt er erneut zum Stein und holt Gregorius zurück.

1.2 Die Handlungsentwicklung

1.2.1 bei Hartmann

Im welschen Land Aquitanien schenkt eine Gattin dem Landesherrn zwei schöne Kinder (Sohn und Tochter) und stirbt bei der Geburt. Zehn Jahre später ereilt den Vater das gleiche Schicksal und er lässt die Kinder als Waisen zurück. Zuvor trägt er seinem Sohn auf, für die Schwester brüderlich zu sorgen. Der Bruder ist immer sehr nett zu ihr, bis sich seine Liebe zu ihr, die Einflüsterungen des Teufels und seine kindliche Unerfahrenheit vereinigen und es zum Inzest (Bruder-Schwester-Inzest) kommt, aus dem ein Kind hervorgeht. Dieser Inzest verfolgt das Kind in Form der Tafel, die ihm seine Mutter mit auf den Weg gibt, auf der sie von seiner Geburt erzählt und ihn auffordert, für Vater und Mutter Buße zu tun und nicht überheblich zu sein ("so überhübe er sich niht", V. 752). Hier werden wir erstmals auf den theologischen Zusammenhang, der mittelalterliches Denken wesentlich mitprägt, aufmerksam gemacht: Der Mensch ist immer gefährdet, sich zu "überheben", das heißt, der "superbia" anheim zu fallen. In dieser "superbia" ist nach der mittelalterlichen Theologie der Kern der menschlichen Erbsünde zu sehen: Der

Mensch verweigert sich der „diemuote", vergisst sein grundsätzliches Gefähr-detsein und handelt selbstherrlich und damit im Grunde „Gott-los".[7]

Nach seiner Aussetzung gelangt der Junge zu einer Insel, deren Abt Gregorius ihn aufnimmt und auf seinen Namen tauft. Im Streit mit seinem Ziehbruder wird Gregorius erstmals mit der Tafel konfrontiert. Daraufhin fragt er den Abt, seinen geistigen Vater, um Rat, der ihm vorschlägt, auf der Klosterinsel zu bleiben und später sein Nachfolger zu werden. Gregorius aber will fort von der Insel. Er führt drei Gründe an: Zum Ersten spricht er von der „Schande", die seine Fremdheit bringen wird, und zweitens von der möglicherweise hohen Sippe, von der er abstammt. Zum Dritten erzählt er von einem bisher unterdrückten Willen, Ritter zu werden. Der Abt verurteilt diesen Wunsch zwar zunächst, akzeptiert ihn aber dann doch, als er erkennt, dass Gregorius nicht davon abzubringen ist. Gregorius holt sich einen Rat und verwirft diesen. Auch der Umstand, dass er für die Sünde der Eltern büßen soll, stimmt ihn nicht um. Dieses Verhalten ist anmaßend und theologisch gesehen wird hier der Tatbestand der „superbia" erfüllt. Somit kann man auch die Strafe Gottes erklären, der Gregorius' Schiff bei der Stadt der Mutter landen lässt und beide in den zweiten Inzest treibt:[8] Dieser Inzest wird nun entsprechend dem mittelalterlichen/theologischen Denken, obwohl er unbewusst und unwillentlich begangen wurde, zur schuldhaften Verfehlung, da er Folge einer vorausgehenden, größeren Verfehlung, eben der „superbia", ist.[9]

Dadurch, dass Gregorius angesichts einer möglichen Heirat mit der Mutter von der Suche nach seiner Herkunft ablässt, wird er noch einmal schuldig.

Sobald er erfahren hat, dass seine Gattin seine Mutter ist, zieht er sich freiwillig aus der Welt zurück, um für seine Tat, die im mittelalterlichen Verständnis als Todsünde galt, Buße zu leisten.[10]

Er gelangt zu einem Fischer und geht auf dessen Angebot ein, ihn auf einem Felsen festzuketten. Dort lebt er 17 Jahre und ernährt sich nur von ein wenig Wasser. Nach 17 Jahren sterben in Rom die zwei Päpste und zwei Männer erhalten unabhängig voneinander den Befehl, Gregorius holen zu gehen. Die

---

7 Vgl. hierzu: Schardt, Friedel: Roman II; Unterrichtsvorschläge für Sekundarstufe II. Als Manuskript vervielfältigt beim Staatlichen Institut für Lehrerfortbildung, Speyer 1981, S. 21 f.

8 Vgl. Wapnewski, a.a.O.

9 Ausführlich mit der Frage nach Schuld und Buße sowie mit dem Zusammenhang zwischen Hartmanns Werk und der mittelalterlichen Theologie beschäftigt sich: Dittmann, Wolfgang: Hartmanns Gregorius; Untersuchungen zur Überlieferung, zum Aufbau und Gehalt; Berlin 1966; man beachte vor allem die Kapitel A und B des zweiten Teils, S. 169 ff; zur Frage des „Unbewusst-schuldig-Werdens" vgl. bes. S. 202 f.

10 Vgl. hierzu Boesch, Bruno: Die mittelalterliche Welt und Thomas Manns Roman „Der Erwählte"; in: Wirkendes Wort 1951/52, Heft 2, S. 342

unermessliche Gnade Gottes zeigt sich in der Erwählung des Gregorius zum Papst. Durch die Buße auf dem Stein hat Gregorius offenbar Vergebung erlangt. Hier wird deutlich, dass sein richtiger Platz einzig im Dienst Gottes und nicht in der Welt der Ritter ist. Gemäß der mittelalterlichen Theologie gibt es aus der Verstrickung, in die die „superbia" führt, nur einen Weg der Erlösung: Die göttliche Gnade kann den Menschen wieder mit Gott aussöhnen, aber, so stellt sich die Problemlösung bei Hartmann dar, diese Gnade kann durch fast übermenschliche Buße „verdient" werden.

1.2.2 bei Thomas Mann[11]

Grimald, Herzog in Flandern und Artois, und sein Weib Baduhenna bekommen zwei Kinder (Wiligis und Sibylla), die „Schoydelakurt" (= Joie de la court = Freude des Hofes) genannt werden. Die Mutter stirbt bei der Geburt, der Vater, als die Kinder 17 Jahre alt sind. Der Vater erschien für Wiligis als Bedrohung, da er immer mit der Tochter koste. Schon in der Nacht nach des Vaters Tod begehen die Kinder die Verfehlung, nachdem ihr Hund Hanegiff, der gewissermaßen der Ersatzwächter für den Vater ist, von Wiligis getötet wurde. Wiligis zieht mit dem Knappen Anaclet zur Buße ins Heilige Land, stirbt aber aus Sehnsucht vor Massilia. Frau Eisengrein, die Gattin Wiligis' Guvernals (= Verwalter), nimmt die schwangere Sibylla auf. Der bald geborene Sohn wird nach 17 Tagen mit einer Tafel, auf der die Notwendigkeit seiner Aussetzung dargelegt wird, und genug Geld für seine Taufe und Erziehung in einem Fässchen auf die Reise geschickt. Nach Wiligis' Tod versagt sich Sibylla 18 Jahre lang allen Männern. Der ausgesetzte Sohn treibt von Gottes Willen gelenkt nach Sankt Dunstan, einer Insel, die dem Kloster des Abtes Gregorius gehört. Zwei Fischer, Ethelwulf und Wiglaf, finden den Knaben, der Abt gibt ihn in Wiglafs Fürsorge. Vorher tauft er ihn auf den Namen Gregorius.

Gregorius wächst erst bei den Fischerkindern, dann im Kloster auf. Im Streit mit seinem Ziehbruder Flann wirft die Fischerin Gregorius seine Herkunft vor, von der er noch gar nichts wusste. Nachdem er von der Tafel erfahren und sie gelesen hat, bedrängt er den Abt stärker, auf Reisen gehen zu dürfen, und setzt sich durch.

Gregorius gelangt zur Stadt seiner Mutter, wo gerade Minnekrieg herrscht, da Roger „Spitzbart" die Herrin begehrt. Es kommt zum Zweikampf zwischen Gregorius und Roger, wodurch die Stadt befreit wird. Die Herrin ist ihm sehr dankbar und Gregorius wird ihr Seneschalk. Gemeinsam ziehen sie auf Bel-

11 Vgl. Mann, Thomas: Der Erwählte, Frankfurt am Main 1951

rapeire. Auf Wunsch ihrer Untertanen kommt es zur Hochzeit. Nach neun Monaten wird Herrad geboren. Drei Jahre später beobachtet die Magd Jeschute Grigorß beim Büßen und erzählt es ihrer Herrin, die die Tafel liest und ihren Gatten holen lässt, woraufhin sie einander die auf ihnen lastende Sünde, die von der gleichen Tat ausgeht, gestehen. Grigorß verlangt von ihr ein Leben in Armut; er selbst geht im Büßerhemd weg. Er gelangt zu einem Fischer, der ihn auf einem schlecht erreichbaren Felsen ankettet, damit er büßen kann. Dort bleibt er 17 Jahre, während dieser Zeit nährt ihn eine Flüssigkeit (Mutterquelle) und er schrumpft immer mehr. Zur gleichen Zeit kommen in Rom beide Päpste ums Leben. Anicius Probus hat eine Offenbarung durch ein blutendes Lamm, die ihm Gregorius, den Erwählten, als neuen Papst ankündigt. Da der Kardinal Liberius die gleiche Erscheinung hatte, gehen sie gemeinsam den neuen Papst suchen. Sie kommen zu dem Fischer, der sie zum Felsen fährt, wo sich der geschrumpfte Gregorius befindet. Auf der Rückfahrt wird er wieder ein Mann normaler Größe. Gregorius vom Steine wird ein sehr großer, milder und gerechter Papst, „eher geneigt zu lösen als zu binden".

Sibylla reist zum Papst und berichtet ihm alles, da gibt Gregorius sich ihr zu erkennen und erlöst sie.

2 Erzählperspektivik und Erzählhaltung[12]

2.1 bei Hartmann

Bei Hartmann geht der Legende vom „guoten sündaere Gregorius" ein Prolog voraus (V. 1–176). Hier umreißt der Dichter kurz den Inhalt der Legende: Gott habe an einem Mann gezeigt, dass sich ein Mensch auch nach sehr großer Sünde von ihr befreien könne, wenn er von Herzen bereue. Er erwähnt auch sein Ziel, das von der Thematik her gut in den „Gregorius" passt: „Durch daz waere ich gerne bereit / ze sprechen ne die wârheit / daz gotes wille wäere, / und daz diu groze swaere / der süntlichen bürde / ein teil ringer würde." (V. 35–40) Am Ende des Prologs stellt sich der Dichter vor: „Der dise rede berihte, / in tiusche getihte, / daz was von Ouwe Hartmann." (V. 171–173) Man kann wohl sagen, dass bei Hartmann Autor und Erzähler identisch sind und der Dichter auch keinen Wert auf eine Unterscheidung legt. Der Hauptstandort des Erzählers (er ist ein ausschließlicher Er-Erzähler) ist außerhalb der Figuren. Manch-

---

12 Im Folgenden stütze ich mich, was die Terminologie und die Methodik betrifft, auf: Gerth, Klaus: Elemente des Erzählens; Schroedel Schulbuch Verlag, Hannover 1983, S. 18 ff.

mal unterbricht er seine Erzählung kommentierend bzw. warnend und verdeutlicht dem Leser das gerade Gesagte: „nu si ge warnet daran / ein iegeliche man / daz er swester und niftel si / niht ze heimlich bi." (V. 415–418) Die meiste Zeit bleibt Hartmann auktorialer Erzähler, nur an einigen Schlüsselstellen wechselt er zum szenischen Erzählen. So gibt er zum Beispiel die Begegnung Flanns mit seiner Mutter nach dem Streit mit Gregorius (V. 1 299–1 358) und auch die Auseinandersetzung zwischen dem Abt und Gregorius (V. 1 385–1 808) in Dialogform wieder. Dadurch erreicht er eine gewisse Nähe zum Geschehen, die dem Leser sonst vorenthalten bleibt. Zusammenfassend kann man sagen, dass Hartmann oder wie er sich nennt: „der Dichter" immer auf Distanz zu seinen Figuren bleibt. Er rutscht nie in die Rolle des personalen Erzählers. Auflockerung und Dynamik erfährt sein Werk durch die Dialoge an entscheidenden Stellen. Der Erzähler unterbricht einige Male seine Erzählung (dies geschieht immer sehr deutlich), um dem Leser Verhaltenshinweise zu geben oder ihm die Übertragung der Legende auf seine eigene Situation zu erleichtern.

2.2 bei Thomas Mann

Der Erzähler, zu Anfang konkret als Clemens, der Ire, benannt, sitzt in der Bibliothek des Klosters Sankt Gallen und erzählt „zur Unterhaltung und außerordentlichen Erbauung" folgende Geschichte, wobei er mit ihrem Ende, dem Läuten der Glocken Roms am Tage des Einzugs (hier muss sich der aufmerksame Leser fragen: wessen Einzug?) beginnt. Er tritt zunächst als auktorialer Ich-Erzähler auf, weist jedoch sehr früh darauf hin, dass er „die Personifizierung des Geists der Erzählung ist und sich jener Abstraktheit erfreut. … Der Geist der Erzählung ist ein bis zur Abstraktheit ungebundener Geist, dessen Mittel die Sprache an sich ist. … Gott ist Geist, und über den Sprachen ist die Sprache." (S. 11) Damit will er dem Leser klar machen, dass es keine Bewandtnis hat, in welcher Sprache er schreibt. Er kündigt an, Prosa schreiben zu wollen, und macht sich zur Bekräftigung im gleichen Atemzug über die „Verselein" lustig, von denen er sofort eine Kostprobe gibt, um zu demonstrieren, dass auch er Verse machen kann, dass Prosa aber schöner ist. Hier wird zum ersten Mal deutlich, dass „Der Erwählte" als eine Parodie auf Hartmanns „Gregorius" gesehen werden kann. Der Hauptstandort des Erzählers (meistens tritt dieser als Er-Erzähler auf, nur wenn er (oft parodistische) Kommentare anbringen will, meldet er sich als Ich-Erzähler zu Wort!) ist außerhalb der

Figuren. Man kann vom „auktorialen Erzähler" sprechen. An einigen Stellen, an denen Wendungen eintreten oder wesentliche Dinge geschehen, schlüpft der Erzähler in die Rolle des personalen Erzählers und zeigt so dem Leser das Geschehen aus der Sicht der jeweiligen Figuren oder aber er wechselt zum szenischen Erzählen. Er schaut in diesem Falle zwar nicht „aus den Personen heraus", wie es ein personaler Erzähler tun würde, gibt aber das Gesprochene ungekürzt in Dialog- oder Monologform wieder, womit auch eine gewisse Nähe zum Geschehen erzeugt wird. An einem Beispiel sei Thomas Manns Verfahren demonstriert. Sehen wir uns die Stelle an, die darstellt, wie der Abt Gregorius bei Wind und Wetter am Strand steht und auf die beiden Fischer Wiglaf und Ethelwulf wartet, die auf sein Geheiß auf See sind. Hier wird der Erzähler zum personalen Erzähler und lässt den Abt seine Gedanken und aktuellen Gefühle aussprechen. Dies geschieht sogar aus der Ich-Perspektive, die die Wirkung des Miterlebens beim Leser noch verstärkt. Man könnte der Meinung sein, dass diese Stelle (S. 53) als Monolog des Abtes ähnlich wie das erste Beispiel „nur" szenisches Erzählen ist, doch werden hier nicht nur Fakten wiedergegeben, sondern der Abt offenbart dem Leser seine innersten Gedanken und Zwiespälte, was nur durch einen personalen Erzähler zu erreichen ist. Ähnlich ist die Situation nach dem Kampf (S. 77 f.) zwischen Gregorius und seinem Ziehbruder Flann. Den Kampf und dessen Ende schildert der Erzähler von seiner auktorialen Position aus. Sobald Gregorius allein am Strand steht und Flann nachsieht, „schlüpft der Erzähler in Gregorius hinein" und gibt dessen Überlegungen und Selbstvorwürfe wieder, um gleich darauf wieder als auktorialer Erzähler das Zusammentreffen Flanns mit seiner Mutter zu übermitteln.

Auch als Gregorius seinen Wunsch verkündet, die Klosterinsel zu verlassen (S. 82), wechselt die Erzählhaltung. Der Erzähler geht vom auktorialen zum szenischen Erzählen über. Durch die Dialoge wird außer den bisher aufgezeigten Wirkungen eine Zeitdeckung erreicht (sonst Zeitraffung). Beim personalen Erzählen kann es sogar zu Zeitdehnung kommen.

Eine weitere wichtige Stelle, an der man eigentlich erwarten könnte, dass der Erzähler in die Rolle des personalen Erzählers schlüpft, ist die Berufung des Gregorius zum Papst. Doch nichts dergleichen tritt ein. Der Erzähler bleibt auktorialer Erzähler, mischt seiner Erzählung lediglich einige kurze Dialoge bei. Diese Erzählhaltung an dieser Stelle spiegelt die Entwicklung des Gregorius wider: Während der 17 Jahre auf dem Stein hat er nach und nach seine Ich-Haltung aufgegeben und sich ganz dem Willen und der Gnade Gottes ausgeliefert. Er lässt mit sich geschehen, was Gott für richtig hält, somit wäre personales Erzählen an dieser Stelle unpassend und würde nicht dem Handlungsverlauf entsprechen.

Erzähltechnisch könnte man in Thomas Manns Roman die ironische Aufhebung der Legendenform sehen. Dies wird deutlich bei seiner Wahl des Erzählers, der einmal der konkrete Clemens, im nächsten Satz aber schon wieder der Geist der Erzählung ist. An einigen Stellen wird Manns Parodie besonders deutlich: „... wie smoothlich alles ... seinen Gang geht" (S. 53) „Da es aber nicht körperlich weh tut, so ist das Bewusstsein davon leicht in den Hintergrund zu drängen durch Glücksgaben, die einem bei der Entdeckung in den Schoß fallen." (S. 89) „Nicht wenige städtische Streiter waren leider ausgesperrt ... Aber sie waren ja nur Nebenpersonen ..." (S. 112)

Durch seine Parodie will Mann nicht lächerlich machen, sie soll nur seine Humanität und Sympathie für den Menschen ausdrücken: „Ich müßte mich ganz und gar verschrieben haben, wenn nicht auch dieses Buch mein Grundverhältnis zum Sein und zum Leben ausdrückte: Sympathie. Ich habe die Menschen nie zu verwirren gesucht, sondern habe gesucht, sie zu befriedigen, zu trösten und zu erheitern. – Nehmen Sie das Ding als was es ist: ein ganz lustiges und nicht gedankenloses Experiment. Es hat viele Menschen für ein paar Stunden glücklich gemacht. Das ist auch etwas."[13]

3   Psychologie bzw. Theologie

Unterschiede und Parallelen zwischen den beiden Werken bei der theologischen und psychologischen Figurenauffassung lassen sich wohl anhand des Inzestmotivs am deutlichsten herausarbeiten.

3.1   Inhaltliche Darstellung des Inzestmotivs

3.1.1   bei Hartmann

Nach des Vaters Tod kümmert sich der junge Herr sehr um seine Schwester. Ihre Liebe zueinander ist so groß, dass es eines Nachts zur ersten Verfehlung kommt und die Schwester ein Kind von ihm empfängt. Als er erfährt, dass sie schwanger ist, unternimmt er zu Ehren Gottes eine Pilgerfahrt zum Heiligen Grabe. 17 Jahre nach der Aussetzung des Kindes, das inzwischen auf den Na-

---

13 Vgl. hierzu Hilscher, Eberhard, a.a.O., S. 277

men Gregorius getauft wurde, gelangt es auf der Suche nach seinen Eltern zur Stadt der Mutter. Gregorius befreit die Stadt und wird zum Gemahl der eigenen Mutter. Gregorius wird ein guter und freigiebiger Herrscher. Nachdem die Herzogin in ihrem Gatten ihren eigenen Sohn erkannt hat, zieht er im Büßerhemd weg; sie selbst soll ihr Vermögen unter die Armen verteilen und ein Kloster gründen.

3.1.2 bei Thomas Mann

In der Nacht nach des Vaters Tod begehen Wiligis und Sibylla die erste Verfehlung. So leben sie einige Monate weiter, bis Sibylla bemerkt, dass sie schwanger ist. Daraufhin zieht Wiligis mit einem Knappen ins Heilige Land, während Sibylla unter der Obhut von Frau Eisengrein das Kind zur Welt bringt. Nach 17 Jahren gelangt das Kind, inzwischen auf den Namen Gregorius getauft, zur Stadt der Mutter und befreit diese vom Minnekrieg. Aus Dankbarkeit nimmt die Herrin ihn als Seneschalk auf. Auf Bitten der Untertanen heiraten beide und bekommen nach neun Monaten ein Kind, das auf den Namen Herrad getauft wird. Nach drei Jahren entdeckt Sibylla die Tafel und erkennt in Gregorius ihren eigenen Sohn. Dieser zieht nach der Enthüllung im Büßerhemd weg. Sibylla soll ein Leben in Armut führen und errichtet ein Asylum.

3.2   Bewertung des Inzests durch die Wortwahl

3.2.1 bei Hartmann

„Do er durch des tiuvels rat/ dise groze missetat" (V. 339/340) Hartmann spricht hier von „Einflüsterungen des Teufels" und davon, dass die Schwester zu schwach war, sich zu wehren („wan er was starc und si ze kranc" V. 393). Die Befreiung aus dem Inzest soll durch Buße geschehen: Der Herzog will zu Ehren Gottes eine Pilgerfahrt zum Heiligen Grab unternehmen („ir sult iuch wider si enbarn/ daz ir zehant wellet varn/ durch got zen heiligen grabe." V. 571–573), seine Schwester soll nicht der Welt entsagen, denn sie hat als Regentin und Herzogin Gelegenheit, ihre fromme Gesinnung zu zeigen. Gott wird dann Recht sprechen. Beim zweiten Inzest beschreibt Hartmann ganz trocken und sachlich den Vorgang: „do gedahte din guote/ .../ wen si nemen möhte/ .../ danne den selben man/ .../ den ir got hete gesant/ ze loesen si unde ir lant./ daz war ir sun Gregorjus./ dar nach wart er alsus/ vil schiere siner muoter man./ da ergie des tiuvels wille an." (V. 2 235–2 246)

Nach unserem heutigen Sündenverständnis liegt keine Sünde vor, da kein Wissen und kein Wille zur Tat vorhanden waren. Nach mittelalterlichem Verständnis aber ist der zweite Inzest gewissermaßen „Fortsetzung" des ersten Inzests, der ja durch „des tiuvels rat" geschah und somit auch Resultat von „des tiuvels wille" ist. Mit anderen Worten: Nach dem Verständnis der mittelalterlichen Theologie ist der zweite Inzest als Folge einer Sündenschuld ebenfalls Sünde. So verstehen auch Mutter und Sohn ihre Schuld. Nachdem sie den Inzest als solchen erkannt haben, versuchen sie, durch Buße von ihm gelöst zu werden. Die Mutter soll ihrem Leib täglich versagen, was er begehrt, und für die Armen sorgen: „ir sit ein schuldec wip./ des lat engelten den lip/ mit tegelicher arbeit/ .../ den gelt von iuwerm lande/ den teilet mit den armen:/ so müezet ir gote erbarmen./ .../ mit richen klostern (daz ist guot):/ sus senftet sinen zornmuot/ den wir so gar verdienet han." (V. 2721–2735) Theologisch gesprochen wird von der Mutter ein Mehrfaches verlangt: Sie soll durch Selbstkasteiung büßen und durch gute Werke ihre Umkehr demonstrieren, um Gottes Erbarmen wiederzuerlangen bzw. seinen Zorn, den sie eingestandenermaßen „verdienet" hat, zu besänftigen. Der Sohn will auch Buße tun: „Ez waren dem richen dürftigen/ alle gnade verzigen,/ wan daz er al sin arbeit/ mit willigem muote leit. (V. 2751–2754) Vorher nennt er der Mutter noch ihr gemeinsames Ziel: „wir suln ez bringen dar zuo/ daz uns noch got geliche/ gesamene in sinem riche." (V. 2740–2742) Die endgültige Absolution des Gregorius von seiner Sünde erfolgt durch seine Berufung zum Papst: „...daz er in haete genannt,/ selbe er welt unde erkant/ unde ze rihtaere gesat/ hie en erde an sin selbes stat" (V. 3495–3498). Die Mutter erfährt die endgültige Vergebung ihrer Sünden von ihrem zum Papst gewordenen Sohn. Damit ist auch die „theologische Rechnung" aufgegangen: Die „Erhöhung" und direkte Erwählung durch Gott dokumentiert die Aussöhnung. Gleichzeitig wird deutlich, dass es Gregorius gelungen ist, durch seine bis zur Selbstaufgabe gehende Buße Vergebung zu erlangen und Gottes Gnade zu „verdienen".

3.2.2 bei Thomas Mann

Bei Thomas Mann weist der Erzähler schon früh auf die zärtlichen Bande zwischen den Kindern hin. Auch lässt er Wiligis ihre Besonderheit und ausschließliche Bestimmtheit füreinander erwähnen: „Denn unser beider ist niemand wert, weder deiner noch meiner, sondern wert ist eines nur des anderen, da wir völlig exceptionelle Kinder sind, von Gebürte hoch..." (S. 22). Der Inzest ist demnach von der Suche nach Ebenbürtigkeit bestimmt und wird nicht, wie bei Hartmann, als Werk des Teufels verstanden. Er ist allerdings erst möglich, nachdem der Vater, der immer mit der Tochter kost, „wie sich's ein Mönch nur mühsam einzubilden vermag" (S. 23), gestorben ist. Die Auserwähltheit von Gregorius und Sibylla wird noch in verschiedenen Begriffen, die eigentlich für Jesus und Maria reserviert sind, deutlich. So nennt sich Gregorius „Ritter vom Fisch" (S. 92) und zieht als Papst auf einem Maultier „in das neue Jerusalem" ein (S. 166). Sibylla wird als „Abbild der Himmelskönigin" (S. 102, S. 106) und als „Mutter Jungfrau" (S. 40) bezeichnet. Der zweite Inzest, dieses Mal zwischen Mutter und Sohn, hat die gleiche Grundlage wie der erste, nämlich die Suche nach Ebenbürtigkeit. Dies erwähnt Sibylla in ihrem Gebet zu Maria: „… denn meines Bettes würdig acht ich nur ihn und ihn nur mir ebenbürtig!" (S. 121) Später, als Gregorius schon Papst ist, geben beide zu, den Inzest nicht ohne Wissen begangen zu haben: „… und unwissentlich-wissend habe sie das eigene Kind zum Manne genommen, weil es der einzig Ebenbürtige wieder gewesen." (S. 195) „… als dein Kind dort … ebenfalls recht gut wusste, dass es seine Mutter war, die er liebte." (S. 196) Die Befreiung von dieser Sündenlast nimmt einige Zeit in Anspruch. Gregorius verbringt 17 Jahre der harten Buße auf einem Felsen. Während dieser Zeit schrumpft er und somit seine Sündenlast bzw. Schuldfähigkeit immer mehr, bis er, als er abgeholt wird, seine Ich-Haltung völlig aufgegeben und sich dem Willen und der Gnade Gottes unterworfen hat. Wieweit allerdings hier noch von „Sünde" im mittelalterlich-christlichen Sinn gesprochen werden kann, wird später noch zu untersuchen sein. Vorläufig sei hier nur die Möglichkeit angedeutet, dass es sich beim Terminus „Sünde" gewissermaßen um eine „Metapher" handeln könnte, die einen psychischen Tatbestand erfassen soll. Sibylla hat ein Asyl errichtet und pilgert, sobald sie von dem neuen, gnädigen Papst gehört hat, nach Rom. Gregorius gibt sich ihr zu erkennen und erlöst ihre Sünden.

3.3 Bewertung der zentralen Figur

3.3.1 bei Hartmann

In der Erwählung zum Papst zeigt sich die unermessliche Gnade Gottes. Durch seine 17 Jahre dauernde Buße hat Gregorius Vergebung erlangt. Was er zuerst als Abt für den Bereich der Klosterinsel hätte werden können, wird nun auf die ganze Christenheit übertragen: Gregorius vom Steine wird Papst. Das ist ein deutliches Zeichen, dass sein einzig richtiger Platz im Dienst Gottes und nicht in der Welt der Ritter ist. Da ihr Bestreben allein auf Gott ausgerichtet ist, können Mutter und Sohn gemeinsam in Rom leben. Voraussetzung für beide ist die vorher vollzogene völlige Selbstaufgabe und Unterordnung unter den göttlichen Willen.

3.3.2 bei Thomas Mann

Von vornherein wird die Auserwähltheit von Gregorius und Sibylla betont. Dieses Bewusstsein der Erwählung führt zunächst zur Suche nach dem „Eben-bürtigen" und so lässt sich der Inzest zwischen Mutter und Sohn auf eben dieses Suchen zurückführen, denn im Unterschied zu den Figuren bei Hart-mann bekennen beide im Kapitel „Audienz", wie wir schon früher festgestellt haben, dass sie den Inzest nicht ohne Wissen begangen haben. Nach Jendreiek bezeichnet der Inzest, wie ihn Thomas Mann darstellt, „zugleich die Position extremer Sündhaftigkeit wie die Position extremer Erwählung und Erhö-hung."[14] Bedenkt man noch, dass Thomas Mann der Meinung war, dass „der Inzest eigentlich ein Vorrechts-Tabu war, Göttern und Königen erlaubt und nur dem gemeinen Haufen untersagt"[15], dann wird deutlich: Der Inzest zwi-schen Mutter und Sohn ist Äußerung eines psychisch verankerten Bewusst-seins der Auserwähltheit, das allerdings, solange es nicht aufgearbeitet und „gezähmt" ist, sich zwangsläufig auf die menschliche Gesellschaft negativ aus-wirken muss. Hat der „Erwählte" aber dies erkannt und ist er bereit, durch den Willen zur Buße seinen Narzissmus zu überwinden, so kann er durch diese seine „Arbeit an sich selbst" auf eine höhere Daseinsstufe gelangen. (Damit klärt sich nun auch die Frage nach der Bedeutung des „Sündenbegriffs" bei Thomas Mann: Wir haben es mit einem Versuch zu tun, in metaphorischer Sprechweise psychologische Gegebenheiten und Entwicklungen mittels „ge-läufiger" Begriffe und Vorstellungen darzustellen). Ob man diese Wendung aber mit Hilscher in die historische Zeit der Entstehung des „Erwählten" einbetten und dann gewissermaßen eine Mahnung an Deutschland heraus-lesen kann, das nach gröbster Selbstüberhöhung nun zur Buße und Aufar-beitung aufgefordert werden soll, sei dahingestellt.[16]

---

14 Vgl. hierzu: Jendreiek, Helmut: Thomas Mann. Der demokratische Roman, Düsseldorf 1977, S. 498
15 Vgl. hierzu: Mann, Thomas: Briefe III 1979, S. 245
16 Vg. Hilscher, Eberhard, a.a. O. S. 200 f.; aus Platzgründen kann dieser Gedanke hier nicht weiter diskutiert werden.

4   Schlussbemerkungen

Im Mittelalter wurden Existenzprobleme grundsätzlich theologisch geklärt, wie man in allem, was einem im Diesseits begegnete, eine Metapher für das Jenseits sah („analogia entis"). Die Probleme haben sich theologisch gestellt (die menschliche Überheblichkeit) und wurden theologisch geklärt (die Buße des Menschen – göttliche Gnade). Zwischen Hartmann von Aue und Thomas Mann liegt neben der zeitlichen Distanz von 750 Jahren auch eine Entwicklung der Menschheit, nämlich die Entwicklung zum Humanismus: Zu Beginn des 20. Jahrhunderts trat Freud auf den Plan, dessen Werke Thomas Mann mit Begeisterung gelesen hat. Bei Thomas Mann gibt es zwar die gleichen Probleme (Existenzprobleme, Überheblichkeit, Narzissmus, elitäres Bewusstsein usw.; gerade dem „Künstler Thomas Mann" stellten sich diese Probleme immer wieder und so gab es gelegentlich auch den Versuch, „Gregorius" in diesem Sinne zu deuten) wie bei Hartmann, doch werden sie jetzt nicht als Sünden oder Sündenfolgen, sondern als psychische Bedingungen gesehen, die einfach da sind. Sie müssen nicht durch theologisch orientierte Buße, sondern durch psychoanalytische Aufarbeitung ins Bewusstsein gehoben und beherrscht werden. Eine solche Beherrschung freilich bedarf der asketischen Arbeit an sich selbst. Hier greift Thomas Mann auf die mittelalterliche Vorstellung von Buße zurück und verwendet auch sie als Metapher für eine disziplinierende Arbeit am eigenen Bewusstsein, die erst dann als abgeschlossen betrachtet werden kann, wenn der Narzissmus verschwunden ist. Erst wenn dies der Fall ist, ist der Mensch fähig, human zu leben. Im Grunde macht Thomas Mann nichts anderes, als das Werk Hartmanns in ein modernes Denken zu übersetzen, und es zeigt sich, dass er schon Recht hat, wenn er behauptet, alles beibehalten zu haben, selbst den Kern, den er nur zu entmythisieren versuchte, und seine Arbeit an dem „Erwählten" so charakterisiert: „An den äußeren Gang der Handlung, wie Hartmann sie sich angeeignet, hielt ich mich so getreu, wie bei den Josephsromanen an die Daten der Bibel. Und wie damals war mein eigenes Dichten ein Amplifizieren, Realisieren und Genaumachen des mythisch Entfernten, bei dem ich mir alle Mittel zunutze machte, die der Psychologie und Erzählkunst in sieben Jahrhunderten zugewachsen sind. [...] Ein Werkchen wie dieses ist Spätkultur, die vor der Barbarei kommt, mit fast fremden Augen schon angesehen von der Zeit. Aber wenn es das Alte und Fromme, die Legende parodistisch belächelt, so ist dies Lächeln eher melancholisch als frivol, und er verspielte Stil-Roman, die Endform der Legende, bewahrt mit ihrem Ernste ihren religiösen Kern, ihr Christentum, die Idee von Sünde und Gnade."

Verzeichnis der verwendeten Literatur

Primärtexte:

Mann, Thomas: Der Erwählte; Frankfurt/Main 1981 (Fischer TB)

Schwarz, Ernst: Hartmann von Aue – Gregorius, Der Arme Heinrich; Wissenschaftliche Buchgesellschaft, Darmstadt 1967

Sekundärliteratur:

Boesch, Bruno: Die mittelalterliche Welt und Thomas Manns Roman „Der Erwählte"; in: Wirkendes Wort 1951/52, Heft 2, S. 340–349

Bumke, Joachim: Höfische Kultur, Literatur und Gesellschaft im hohen Mittelalter; 2 Bde., Deutscher Taschenbuch Verlag, München 1986

Dittmann, Wolfgang: Hartmanns Gregorius; Untersuchungen zur Überlieferung, zum Aufbau und Gehalt; E. Schmidt Verlag, Berlin 1966

Eichner, Hans: Thomas Mann. Eine Einführung in sein Werk; München 1953

Gerth, Klaus: Elemente des Erzählens; Schroedel, Hannover 1983

Hilscher, Eberhard: Thomas Mann – Sein Leben und Werk; Verlag Das Europäische Buch, Westberlin 1983

Jendreiek, Helmut: Thomas Mann. Der demokratische Roman; Schwann Verlag, Düsseldorf 1977

Kuhn, Hugo; Cormeau, Christoph (Hrsg.): Hartmann von Aue; Wissenschaftliche Buchgesellschaft, Darmstadt 1973

Kurzke, Hermann: Thomas-Mann-Forschung 1969–1976. Ein kritischer Bericht; S. Fischer Verlag, Frankfurt/M. 1977

Kurzke, Hermann: Thomas Mann: Epoche – Werk – Wirkung; Beck Verlag, München 1985

Mann, Thomas: Bemerkungen zu dem Roman „Der Erwählte"; in: Thomas Mann, Altes und Neues; S. Fischer Verlag, Frankfurt/Main 1953

Mann, Thomas: Briefe III; S. Fischer Verlag, Frankfurt/Main 1979

Schröter, Klaus; Kusenberg, Kurt (Hrsg.): Thomas Mann in Selbstzeugnissen und Bilddokumenten; Rowohlt Verlag, Reinbek b. Hamburg 1964

Wapnewski, Peter: Hartmann von Aue; Metzler'sche Verlagsbuchhandlung, Stuttgart 1954

Wolf, Alois: Gnade und Mythos. Zur Gregoriuslegende bei Hartmann von Aue und Thomas Mann; in: Wirkendes Wort 1962, S. 193–209

Wörterbuch: Lexer, Matthias: Mittelhochdeutsches Taschenwörterbuch; Stuttgart 1961

2 Facharbeit für das Fach Physik

Thema: Der Franck-Hertz-Versuch
von Frank Müller

1 Einleitung

Diese Facharbeit befasst sich mit dem bedeutendsten der von James Franck und Gustav Hertz (einem Neffen von Heinrich Hertz) 1913/14 durchgeführten Elektronenstoßversuche. Diese Versuche erbrachten für die Quantentheorie und das erst 1913 formulierte Bohr'sche Atommodell eine wichtige experimentelle Bestätigung, auch wenn dies von Franck und Hertz erst 1918 voll erkannt wurde. Die Leistung wurde im Jahre 1925 mit dem Nobelpreis der Physik gewürdigt.

Diese Arbeit versucht, sich nicht ausschließlich mit dem eigentlichen Versuch zu beschäftigen, sondern will darüber hinaus einen wenn auch kleinen Einblick in die Hintergründe der Entstehung und die ersten Erklärungsansätze der Ergebnisse geben. Sie will also den Franck-Hertz-Versuch nicht isoliert stehen lassen, sondern möchte zusätzlich eine grobe Einordnung in den wissenschaftshistorischen Kontext vornehmen.

2   Zur Person

2.1   James Franck

James Franck wird am 26. August 1882 in Hamburg geboren. Er studiert in Heidelberg und Berlin, wo er im Jahre 1906 promoviert. 1911 habilitiert er sich als Privatdozent an der Berliner Universität. 1916 wird er dort Professor und 1917–20 ist er Abteilungsleiter am von Fritz Haber geleiteten Kaiser-Wilhelm-Institut für physikalische Chemie. Dort arbeitet er an der Entwicklung der Quantenmechanik mit und entwickelt das Franck-Condon-Prinzip. Im Jahre 1925 erhält Franck zusammen mit G. Hertz den Physik-Nobelpreis für den Franck-Hertz-Versuch. 1933 legt er aus Protest gegen die nationalsozialistische Politik seine Ämter nieder und emigriert in die USA, wo er von 1938–47 Professor für physikalische Chemie in Chicago ist. Im Zweiten Weltkrieg nimmt er an der Entwicklung der Atombombe teil, warnt aber, nachdem er erfährt, dass die Bombe tatsächlich eingesetzt werden soll, im Franck-Report vor ihrer Verwendung. Am 21. 5. 1964 stirbt James Franck auf einer Europareise, kurz vor der geplanten Rückkehr, in Göttingen.

G. Hertz schreibt in einem Nachruf über Franck: „Franck besaß in ganz ungewöhnlichem Maße die Fähigkeit, physikalische Sachverhalte rein gefühlsmäßig zu beurteilen. Er war davon überzeugt, [...] dass es möglich sein müsste, die Gesetze der Zusammenstöße zwischen Elektronen und Molekülen unmittelbar experimentell zu untersuchen. Damit gab er unserer Arbeit die Richtung, welche in kurzer Zeit zum Erfolg führte."[1]

2.2   Gustav Hertz

Am 22. Juli 1887 wird Gustav Hertz in Hamburg geboren. 1911 promoviert er und wird 1925 Professor in Halle. Im Jahre 1925 erhält er gemeinsam mit James Franck den Nobelpreis für Physik. Er wechselt 1928 an die TH in Berlin und nimmt 1935 eine Stelle als Leiter des Forschungslaboratoriums der Firma Siemens in Berlin an. Hier bleibt er bis 1945 und ist dann bis 1954 in der Sowjetunion tätig, wo er sein schon früher entwickeltes Trennverfahren für Isotopengemische weiter verbessert, das später große Bedeutung für die für den Bau von Atombomben wichtige Trennung der Uranisotope gewinnen

---

1 Gustav Hertz: „James Franck", in: Annalen der Physik, 15; 1965, S. 2

sollte. 1954 kehrt er aus der Sowjetunion in die DDR zurück, wird Professor in Leipzig und bleibt dies bis 1961. Am 30. Oktober 1975 stirbt Gustav Hertz in Berlin.

3 Der Franck-Hertz-Versuch

3.1 Hintergrund des Versuches

Den Anlass für die Versuche gaben die Zweifel Francks, der sich schon in seiner Dissertation mit der Ladungsträgerbeweglichkeit in Gasen befasst hatte, an der Townsend'schen Theorie des elektrischen Durchschlages in Gasen. Sie besagte unter anderem, dass Zusammenstöße zwischen Elektronen und Gasmolekülen immer unelastisch erfolgten, ein Elektron also bei einem Zusammenstoß mit einem Gasmolekül immer seine gesamte kinetische Energie verliere. Franck stellte sich also die Aufgabe, die Richtigkeit der Theorie zu überprüfen, und schlug im Jahre 1911 dem fünf Jahre jüngeren G. Hertz, der eben promoviert hatte, vor, die Wechselwirkung von Elektronen mit Gasmolekülen gemeinsam weiter zu untersuchen.

Franck und Hertz nahmen im Gegensatz zur Townsend'schen Theorie an, dass Stöße zwischen langsamen Elektronen und Gasmolekülen immer elastisch verliefen, die Elektronen also so gut wie keine Energieverluste erleiden sollten. Sie legten den Schwerpunkt ihrer Arbeit auf Gase, die keine negativen Ionen bilden, in denen die Elektronen also frei beweglich bleiben. Man nahm sich vor, zur Prüfung der Townsend'schen Theorie die Zusammenstöße langsamer Elektronen mit Gasmolekülen systematisch zu untersuchen. Das Ziel der Untersuchungen war nach Franck eine allgemeine „kinetische Theorie der Elektronen in Gasen".

Dem eigentlichen, heute so genannten „Franck-Hertz-Versuch" gingen einige andere Versuche voraus, in denen gezeigt wurde, „dass bei einem Zusammenstoß von Elektronenstrahlen [...] mit Molekülen von Helium und Wasserstoff die Elektronen mit einem relativ kleinen Energieverlust reflektiert werden"[2], dass man also Stöße als mindestens näherungsweise elastisch betrachten musste und die Townsend'sche Theorie so nicht weiter aufrechterhalten werden konnte.

---

2 J. Franck und G. Hertz: Über Zusammenstöße zwischen Gasmolekülen und langsamen Elektronen; in: Verhandlungen der Deutschen Physikalischen Gesellschaft. Jg. 15, 1913, S. 23

Es war bekannt, dass Gase unter geringem Druck ab einer bestimmten Spannung Leuchterscheinungen zeigten, und man führte dies auf eine Ionisierung der Gasatome zurück. So war zu erwarten, dass, sobald die Elektronen die zur Ionisation erforderliche Energie erreicht hätten, Stöße mit größeren Energieverlusten erfolgten. So hatten nun nächste Versuche, die mit Elektronen höherer Geschwindigkeit durchgeführt wurden, zum Ziel, die „Ionisierungsspannung" in Gasen genau zu bestimmen. Nachdem erste Versuche in Helium und Neon noch recht ungenaue Ergebnisse hervorbrachten, ging man für die Versuche in Metalldämpfen zu einer geänderten Versuchsapparatur über – zu der des eigentlichen Franck-Hertz-Versuches.

3.2 Der Versuchsaufbau

Franck und Hertz beschreiben den ursprünglichen Versuchsaufbau (siehe Abb. 1) so: „D ist ein Platindraht, dessen mittleres Stück dünner ist und durch einen elektrischen Strom zum Glühen gebracht werden kann. N ist ein feines Platinnetz, welches den Draht D im Abstand von 4 cm zylindrisch umgibt, und G eine zylindrische Platinfolie, welche von N einen Abstand von 1–2 mm hatte. G war über ein Galvanometer mit der Erde verbunden. [...] Während der Messung befand sich der Apparat in einem elektrisch geheizten Paraffinbad. Mit der während der Messungen dauernd laufenden Pumpe war er durch ein enges U-Rohr verbunden, das sich ebenfalls im Heizbad befand und an seinem tiefsten Punkt einen mit Quecksilber gefüllten Ansatz hatte. Da sich außerdem im unteren Teil des eigentlichen Apparates ein Tropfen Quecksilber befand, so wird der Druck des Quecksilberdampfes nicht wesentlich tiefer als der der Temperatur entsprechende Sättigungsdruck gewesen sein. Auf den genauen Wert des Druckes kommt es gar nicht an. Da die meisten Messungen bei Temperaturen von 110 bis 115 Grad gemacht wurden, so betrug der Druck des Quecksilberdampfes etwa 1 mm."[3]

Um die „Ionisierungsspannung" näher bestimmen zu können, wurde bei konstanter Verzögerungsspannung zwischen N und G der Strom zwischen D und G in Abhängigkeit von der zwischen D und N angelegten Beschleunigungsspannung gemessen.

3 J. Franck und G. Hertz: Über Zusammenstöße zwischen Elektronen und den Molekülen des Quecksilberdampfes und die Ionisierungsspannung desselben; in: Verhandlungen der Deutschen Physikalischen Gesellschaft. Jg. 16, 1914, S. 36

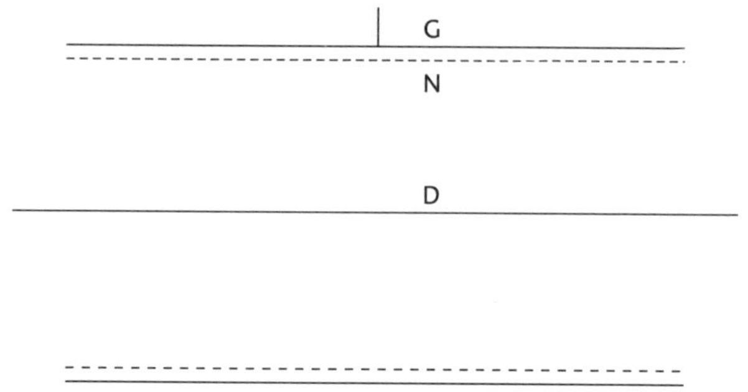

Abb. 1

An der Schule stand eine komplette Apparatur mit Franck-Hertz-Röhre und einem „Betriebsgerät für den Franck-Hertz-Versuch", einem Netzgerät mit integriertem Messverstärker, zur Verfügung. Die ersten Messungen wurden, zur grafischen Darstellung der Ergebnisse, mit einem Oszillographen durchgeführt (Abb. 2 und 3), bei einer weiteren Messreihe (Abb. 4) wurde mit Zeigermessgeräten gearbeitet, um exakte Werte ablesen zu können. Die zur Verfügung stehende Franck-Hertz-Röhre war etwas anders aufgebaut als die bei den Original-Versuchen verwendete (Abb. 5). In ihr waren die Elektroden planparallel angeordnet, wobei der Abstand zwischen der beheizten Kathode zur netzförmigen Anode relativ groß gegenüber der mittleren freien Weglänge im Hg-Gas war (also der Strecke, die ein Elektron ohne Zusammenstoß mit einem Gasmolekül im Mittel zurücklegt.). Der Abstand zwischen Anode und Auffängerelektrode (M) war dagegen klein. In der Röhre befand sich ein Tropfen reinsten Quecksilbers, der beim Erhitzen teilweise verdampfte. Die Heizung des Ofens erfolgte über einen Chrom-Nickel-Wendel.

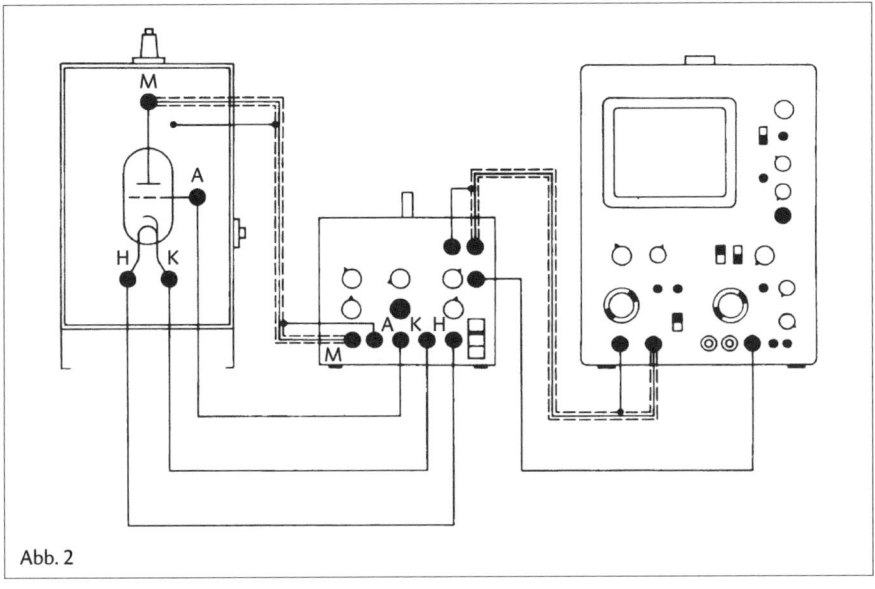

Abb. 2

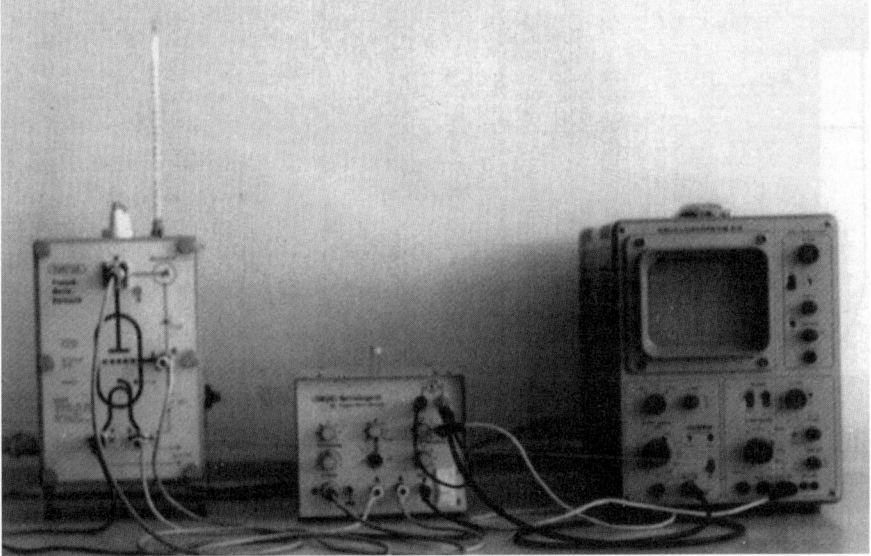

Abb. 3

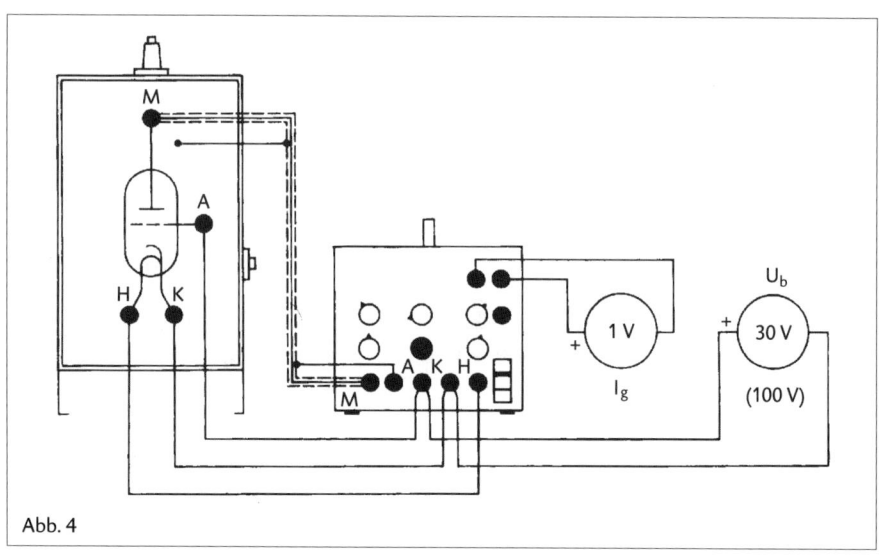

Abb. 4

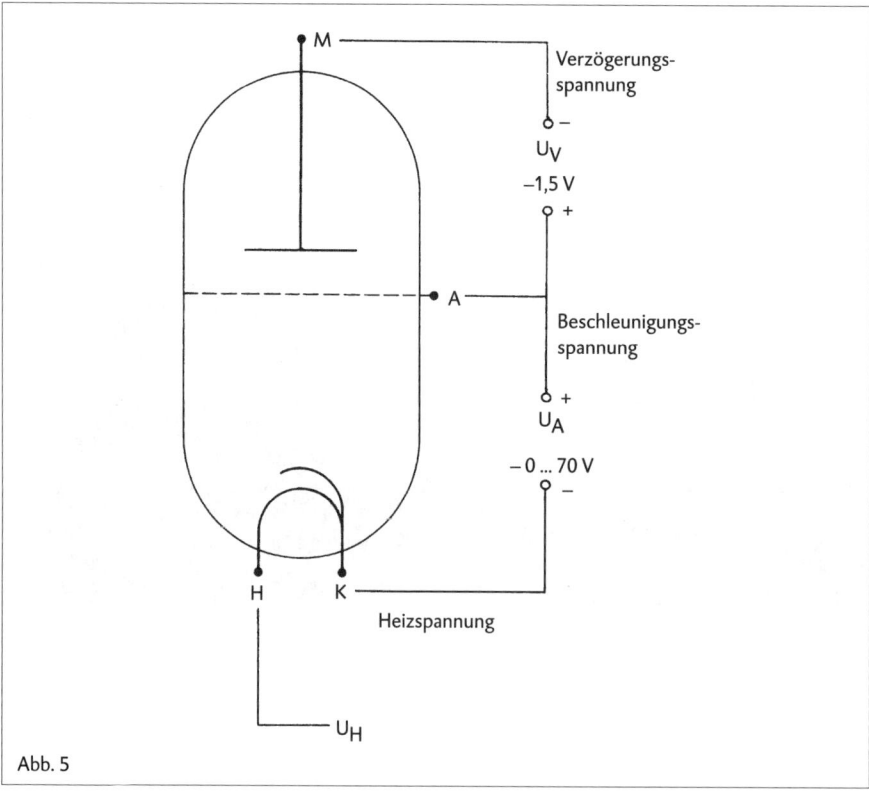

Abb. 5

3.3 Durchführung des Versuches

Die Durchführung des Versuches bereitete in der Praxis einige Schwierigkeiten, da das zur Verbindung des Heizofens mit dem Betriebsgerät notwendige, abgeschirmte Kabel nicht zur Verfügung stand und so die Apparatur sehr störanfällig war. So bereitete alleine das Ablesen des Stroms erhebliche Schwierigkeiten, da der Zeiger ständig flatterte; bewegte sich eine Person am Tisch vorbei, war kein Ablesen mehr möglich.

Der Versuch besteht – wie schon im vorherigen Abschnitt beschrieben – darin, den zwischen K und M fließenden Strom in Abhängigkeit von der zwischen K und A angelegten Spannung zu messen (siehe Abb. 5).

Im ersten Versuch wurde zur Aufzeichnung der entstehenden Kurve ein Oszillograph verwendet, in einem weiteren Versuch wurden die Messwerte auf Zeiger-Messgeräten abgelesen. Bei allen Versuchen wurde der Heizofen zuerst auf 150 Grad Celsius gebracht, die Kathoden-Heizung eingeschaltet und dann wurde mit der Messung begonnen. Weitere Messungen bei einer höheren Temperatur waren wegen technischer Probleme nicht durchführbar. Die Spannung U zwischen K und A wurde nun kontinuierlich erhöht. Es zeigte sich, dass der Strom zwischen K und M, sobald die angelegte Spannung größer als die Gegenspannung U war, proportional zu U anstieg; plötzlich aber verflachte sich der Anstieg rapide und der Strom fiel fast auf null zurück. Dieser Vorgang wiederholte sich nur bei weiterer Spannungserhöhung im Abstand von etwa 5 V immer wieder. In Abbildung 6 lässt sich der Kurvenverlauf, zumindest im rechten Teil, recht gut erkennen. Die Kurven in Abbildung 7 beruhen auf den Werten der Messtabelle und geben den Kurvenverlauf wesentlich besser wieder.

Franck und Hertz kamen in ihren Untersuchungen auf das Ergebnis einer Kurve mit Maxima und Minima im Abstand von 4,9 V. Diese um einiges exaktere Kurve ist in Abbildung 8 beigefügt.

Abb. 6

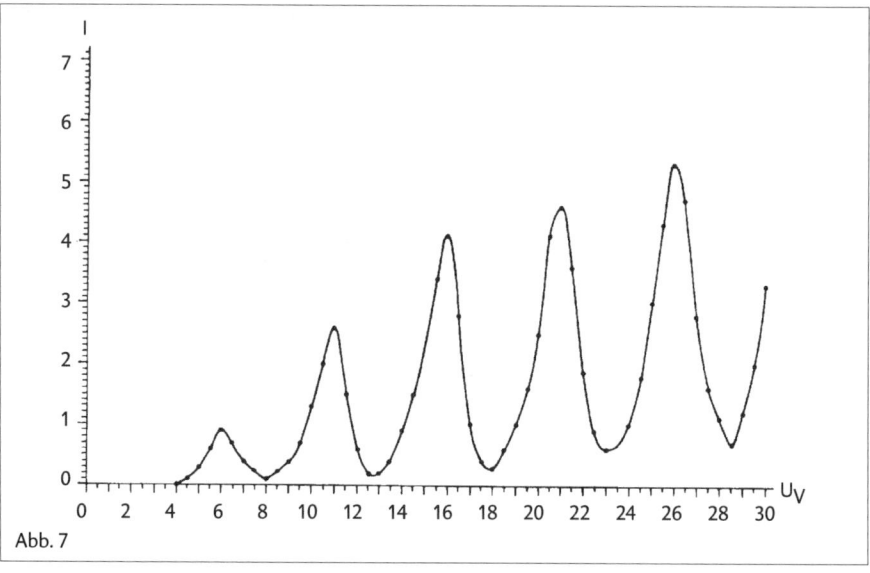

Abb. 7

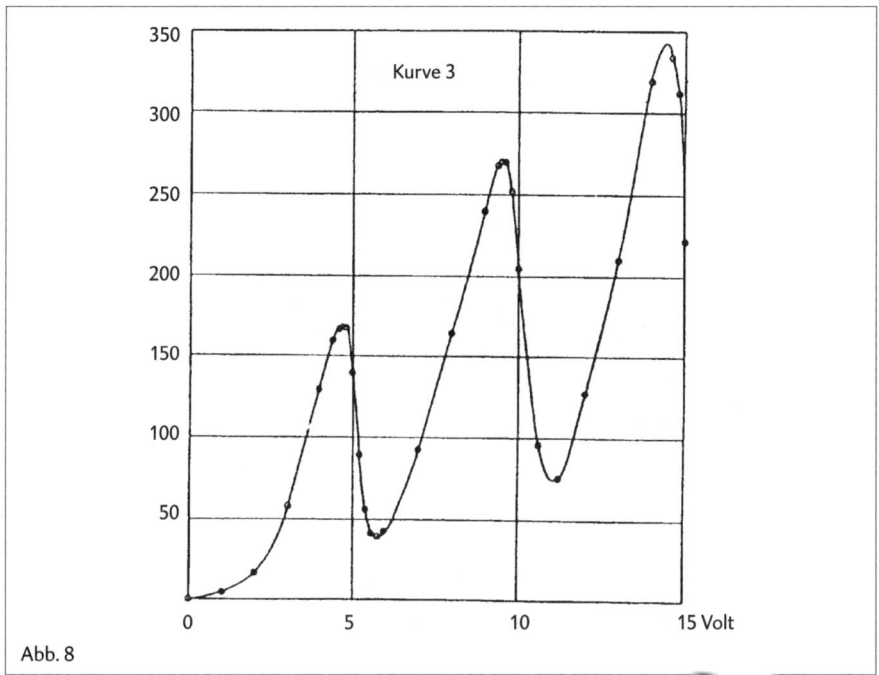

Abb. 8

Die folgende Tabelle enthält die Messwerte einer bei 150 Grad Celsius durchgeführten Messung. Dass die Maxima nicht an Vielfachen von 4,9 V liegen,
hängt mit dem Kontaktpotenzial zwischen Anode und Kathode zusammen.
Die Angaben für den Strom sind relativ und beziehen sich auf 1 als den Voll-
ausschlag des Messgerätes. Die Ströme bewegen sich im Bereich von pA.

U_a/V	I	U_a/V	I	U_a/V	I
0	0	10,5	0,2	21	0,46
0,5	0	11	0,26	21,5	0,36
1	0	11,5	0,15	22	0,19
1,5	0	12	0,06	22,5	0,09
2	0	12,5	0,02	23	0,06
2,5	0	13	0,02	23,5	0,055
3	0	13,5	0,04	24	0,1
3,5	0	14	0,09	24,5	0,18

4	0	14,5	0,15	25	0,3
4,5	0,01	15	0,23	25,5	0,43
5	0,03	15,5	0,34	26	0,53
5,5	0,06	16	0,41	26,5	0,47
6	0,09	16,5	0,28	27	0,28
6,5	0,07	17	0,1	27,5	0,16
7	0,04	17,5	0,04	28	0,11
7,5	0,025	18	0,03	28,5	0,08
8	0,01	18,5	0,06	29	0,12
8,5	0,025	19	0,1	29,5	0,2
9	0,04	19,5	0,16	30	0,33
9,5	0,07	20	0,25		
10	0,13	20,5	0,41		

3.4 Interpretation der Ergebnisse

Franck und Hertz erkannten schnell die Bedeutung der Versuche für die Quantentheorie. So bemerkten sie 1914 in Bezug auf die Elektronenstoßversuche: „Dieser Befund entspricht nun durchaus der Quantentheorie, denn nach dieser Theorie soll den Schwingungen der Elektronen im Atom Energie nicht in beliebigen Beträgen, sondern nur in bestimmten Quanten zugeführt werden können."[4]

Franck und Hertz untersuchten nun die vom Quecksilberdampf während der Versuche emittierte Strahlung und stellten fest, dass es sich um UV-Licht der Wellenlänge 253,6 nm handelte. Sie selbst fassen die Ergebnisse ihrer Versuche wie folgt zusammen:

„1. Die Elektronen werden an den Quecksilberatomen ohne Energieverlust reflektiert, solange ihre kinetische Energie kleiner ist als der Betrag hv, wobei v die der Resonanzlinie entsprechende Frequenz ist.

---

[4] J. Franck und G. Hertz: Über die Erregung der Quecksilberresonanzlinie 253,6 nm durch Elektronenstöße; in: Verhandlungen der Deutschen Physikalischen Gesellschaft. Jg. 16, 1914, S. 49

2. Sobald die kinetische Energie eines Elektrons den Wert hv hat, wird bei einem der nächsten Zusammenstöße dieses Energiequantum an das im Atom befindliche Elektron der Frequenz v übertragen.
3. Die übertragene Energie wird zum Teil zur Ionisation benutzt, zum Teil als Lichtstrahlung der Frequenz v ausgestrahlt [...]."[4]

Franck und Hertz kamen jedoch nicht auf die Idee, das erst im Juli 1913 erschienene Bohr'sche Atommodell auf ihre Versuche anzuwenden, gingen noch davon aus, dass der Abstand zwischen den Extrema aus ihren Versuchen (4,9 V) die Ionisierungsspannung des Quecksilbers darstellt, und sprachen noch von einem „schwingungsfähigen Elektron" der Frequenz v im Atom. Bohr selbst erkannte als Erster die Bedeutung der Elektronenstoßversuche für sein Atommodell: „Franck und Hertz nehmen an, dass 4,9 Volt der Energie entspricht, die zur Entfernung eines Elektrons aus dem Quecksilberatom erforderlich ist, aber es scheint, dass ihre Versuche möglicherweise mit der Annahme in Einklang zu bringen sind, dass diese Spannung nur dem Übergang vom Normalzustand zu irgendeinem anderen stationären Zustand des neutralen Atoms entspricht. [...] Wenn die vorausgehenden Überlegungen richtig sind, sehen wir, dass Francks und Hertz Messungen eine sehr starke Stütze für die in dieser Arbeit vertretene Theorie ergeben."[5]

Franck erkannte schließlich gegen Ende des 1. Weltkrieges die Anwendbarkeit des Bohr'schen Atommodells auf den Franck-Hertz-Versuch und 1919 veröffentlichten Franck und Hertz einen Artikel, in dem sie die Versuche so deuteten.

Aus heutiger Sicht muss man die Ergebnisse des Franck-Hertz-Versuches folgendermaßen verstehen:

Erhöht man langsam die Spannung, so misst man, sobald die Beschleunigungsspannung U größer als die Verzögerungsspannung $U_V = 1,5$ V ist, einen mit größer werdender Spannung ansteigenden Strom. Die Zusammenstöße der Elektronen mit Quecksilberatomen verlaufen elastisch; die Elektronen verlieren kaum Energie, denn ihre Masse ist im Vergleich zu den Atomen sehr viel kleiner. Sobald aber die Spannung 4,9 V beträgt, können die Elektronen die zur Anregung der Quecksilberatome notwendige Energie auf der Strecke zur Anode erlangen und geben nun bei einem Zusammenstoß kurz vor dem Netz ihre gesamte kinetische Energie ab, die dazu verwendet wird, ein Elektron der Elektronenhülle des Quecksilbers vom Grundzustand auf das

5 Nils Bohr: Über die Quantentheorie der Strahlung und die Struktur des Atoms. Wiederabgedruckt in: Dokumente der Naturwissenschaft. Bd. 5

nächsthöhere Niveau übergehen zu lassen. Das angeregte Atom fällt bald wieder in den Grundzustand zurück und durch das Zurückspringen des Elektrons auf das ursprüngliche Energieniveau wird Strahlung der Frequenz $f = W/h = 4{,}9$ eV $/h = 1{,}18 \cdot 10^{15}$ Hz emittiert, das entspricht einer Wellenlänge von $\lambda = c/f = 253{,}6$ nm. Eben diese Strahlung hatten auch Franck und Hertz nachgewiesen.

Das mit dem Atom zusammengestoßene Elektron hat nun keine Energie mehr, um gegen das verzögernde E-Feld anzulaufen, und so sinkt der Strom fast auf null ab. Lediglich einige Elektronen, die zufällig kein Quecksilberatom getroffen haben, kommen noch bei der Auffängerelektrode an.

Wird die Spannung nun weiter erhöht, so wandert der Punkt, an dem die unelastischen Zusammenstöße stattfinden, immer weiter zur Anode hin, die Elektronen können nach ihrem Zusammenstoß im elektrischen Feld wieder beschleunigt werden und der Strom steigt wieder an, bis bei 9,8 V die Elektronen unmittelbar vor der Netz-Anode wieder genug Energie erlangt haben, um zum zweiten Mal ein Quecksilberatom anzuregen. Bei weiterer Erhöhung der Spannung passiert dasselbe wieder, diesmal stößt das Elektron mit drei Gasmolekülen zusammen usw. Beim n-ten Maximum finden also pro Elektron n unelastische Stöße mit Gasmolekülen statt.

Literaturverzeichnis

Bohr, Nils: Über die Quantentheorie der Strahlung und die Struktur des Atoms. Wiederabdruck in: Dokumente der Naturwissenschaft. Bd. 5

Franck, J.; Hertz, G.: Die Elektronenstoßversuche. München 1967

Franck, J.; Hertz, G.: Über Zusammenstöße zwischen Gasmolekülen und langsamen Elektronen; in: Verhandlungen der Deutschen Physikalischen Gesellschaft. Jg. 14, 1913

Franck, J.; Hertz, G.: Über Zusammenstöße zwischen Elektronen und den Molekülen des Quecksilberdampfes und die Ionisierungsspannung derselben; in: Verhandlungen der Deutschen Physikalischen Gesellschaft. Jg. 16, 1914

Franck, J.; Hertz, G.: Über die Erregung der Quecksilberresonanzlinie 253,6 nm durch Elektronenstöße; in: Verhandlungen der Deutschen Physikalischen Gesellschaft. Jg. 16, 1914

Hertz, G.: „James Franck"; in: Annalen der Physik, 15, 1965

Meyers Enzyklopädisches Lexikon in 25 Bänden, Bibliographisches Institut, 9. Auflage, Mannheim 1973

Dorn-Bader: Physik-Oberstufe. Gesamtband 12/13, Hannover 1986

3   Facharbeit für das Fach Chemie

Thema: **Qualitative und quantitative Bestimmung**
ausgewählter chemischer Konservierungsstoffe
von Thomas Köhler

Die nachfolgende Arbeit wurde als Facharbeit in Chemie (beratender Lehrer: Peter Ries) erstellt und in überarbeiteter Form bei „Jugend forscht" eingereicht.

Thomas Köhler gewann den Regionalwettbewerb (1. Platz) und erhielt beim Landeswettbewerb den Sonderpreis der chemischen Industrie. Folgende Abschnitte mussten hier aus Platzgründen weggelassen werden: „Qualitative Bestimmung mittels Dünnschichtchromotographie" und „Mathematische Berechnung der quantitativen Bestimmung".

1   Einleitung

1.1   Wozu sind Konservierungsstoffe[1] notwendig?

Konservierungsstoffe (in diesem Zusammenhang sprechen wir von chemischen Zusätzen[2]) sind notwendig, um Lebensmittel haltbar zu machen, entweder um unmittelbar drohenden Verderb zu verhindern oder Vorräte davor zu bewahren[3]. Denn verdorbene Lebensmittel sind ein Gesundheitsrisiko: Die Ausscheidungen einiger Schimmelpilze (sog. *Mycotoxine* wie z. B. *Aflatoxine*) wirken schon in wenigen Millionstel Gramm krebsauslösend[4, 5]. Äußerst gefährlich sind auch die Ausscheidungen der Bakterien[6] (z. B. Salmonellenerkrankungen und Botulismus durch das *Botulinus*-Bakterium). Sie führen zu Lähmungen und schließlich zum Tode. Durch die Resistenz vieler Bakterien gegenüber Hitze bleibt nur eine Möglichkeit[7]: die chemische Konservierung.

---

1 lat. conservare = erhalten
2 Zusatzstoffe sind nur dort vom Gesetzgeber erlaubt, wo sie technologisch notwendig sind.
3 Matissek, Schnepel, Steiner: Lebensmittelanalytik; Springer-Verlag, Berlin 1989; Kap. 6
4 Körperth, H: Die Konservierung der Lebensmittel; AULIS-Verlag Köln; Kap. 1, S. 9–12
5 Schwedt, G: Chemie und Analytik der Lebensmittelzusatzstoffe; Thieme-Verlag, Stuttgart 1986, Kap. 5.2, S. 162
6 Schwedt, G.: Chemie und Analytik der Lebensmittelzusatzstoffe; Thieme-Verlag, Stuttgart 1986, Kap. 5.2, S. 163
7 MBL 71/232 S. 422 ‚Lysell'

Die Aufgabe dieser Arbeit wird es nun sein festzustellen, ob die Nahrungs-mittelhersteller die Mengenbegrenzungen des Gesetzgebers einhalten, sowie die Überprüfung der quantitativen Messmethode anhand ausgewählter chemi-scher Konservierungsstoffe.

Darüber hinaus wurde in Anbetracht von Zeit- bzw. Kostenersparnis bei Vorproben von Lebensmittelprüfern auf Konservierungsstoffe – denkbar ist allerdings auch die Einsetzung dieses Reagenziensatzes von interessierten ‚Laien‘ – ein einfach zu handhabender Reagenziensatz für Sorbinsäure ent-wickelt.

1.2 Gesundheitliche Bewertung der Konservierungsstoffe[8]

Vor der Zulassung eines Konservierungsstoffes wird er strenger überprüft als Medikamente. Die Prüfung auf Tauglichkeit beinhaltet die übermäßig hohe Dosierung des Konservierungsstoffes und die Verfütterung an Tiere über meh-rere Jahre hinweg und über Generationen, um keim- bzw. zellschädigende (*teratogene*) Wirkungen ausschließen zu können. Sehr wichtig ist auch der Weg des Konservierungsstoffes im menschlichen Körper selbst. Man unter-scheidet Stoffe, die im Körper umgewandelt und dann ausgeschieden werden (sie sind nicht generell als unbedenklich einzustufen). Ein Beispiel hierfür ist die Benzoesäure. Gebunden an Glycin wird sie als Hippursäure wieder aus-geschieden.

Stoffe, die im Körper verwertet werden, sind die ungefährlichste Gruppe. Wie Fettsäuren werden Ameisen- und auch Sorbinsäure verwertet.

Als Konservierungsstoff nicht zugelassen sind Stoffe, die nur langsam aus dem Körper ausgeschieden werden und sich anreichern können. Ein Beispiel hierfür ist die früher als Konservierungsstoff eingesetzte Borsäure.

---

8 Herausgeber: Lebensmittelchemie und gerichtl. Chemie in der GDCh Zusatzstoffe; Bd. 11, Behrs-Verlag, Hamburg 1986, Kap. 2, S. 26–39

1.3   Zugelassene chem. Konservierungsstoffe[9]

Nach der Verordnung über die Zulassung von Zusatzstoffen zu Lebensmitteln § 3 Absatz 1–3 dürfen nur noch folgende chem. Konservierungsstoffe eingesetzt werden:

- Sorbinsäure und ihre Na-, K-, Ca-Salze EWG-Nr. (E 200–203)
- Benzoesäure und ihre Na-, K-, Ca-Salze (E 210–213)
- para-Hydroxibenzoesäureethyl-, -methyl-, -propylester und Na-Verbindungen (E 214–219)
- Ameisensäure und ihre Na- und Ca-Salze (E 236–238)

sowie Diphenyl, Thiabendazol und Orthophenylphenol, die allerdings nicht als Konservierungsstoffe im engeren Sinne gelten, da sie nur zur Oberflächenbehandlung von z. B. Zitrusfrüchten verwendet werden.

Außerdem darf der Lebensmittelhersteller nicht jedem Lebensmittel Konservierungsstoffe zusetzen und nicht in beliebiger Menge. Dies regelt die Liste B der Zusatzstoffzulassungsverordnung (S. 1 644–45). Darüber hinaus besteht eine Deklarierungspflicht für Lebensmittel, die konserviert wurden (S. 1 534 § 8, Deklarierungspflicht Absatz 1).

Es gelang trotz intensiver Suche nicht, Lebensmittel mit den Konservierungsstoffen Ameisensäure und PHB-Ester zu finden. Auch wegen der Übersichtlichkeit wird in dieser Arbeit vorgezogen, ausschließlich Lebensmittel mit Sorbin- und /oder Benzoesäure qualitativ und quantitativ zu untersuchen.

Es wurde ein breites Spektrum von Lebensmitteln in die Untersuchung aufgenommen, um die noch große Verbreitung dieser beiden Konservierungsstoffe zu zeigen.

9 Bundesgesetzblatt, Artikel 2 Zusatzstoffzulassungsverordnung 1981; verbessert nach neuestem Stand; S. 1 633 /1 634, S. 1 643–1 645

1.4 Kurzbeschreibung der untersuchten chemischen Konservierungsstoffe

1.4.1 Benzoesäure

Benzoesäure

Benzoesäure kommt in der Natur im Harz des Benzoebaumes vor[10]; sie hemmt schon in den geringsten Mengen das Wachstum der Bakterien[11]. Hauptanwendungsgebiete sind u. a. Fischmarinaden, Fleischsalate, Sauerkonserven.

1.4.2 Sorbinsäure (Hexa 2,4 diensäure)

Sorbinsäure(Hexa 2,4 diensäure)

In der Natur kommt sie vorwiegend in der Eberesche, im Mehlbeer- und Elsbeerbaum vor. Sie wirkt hauptsächlich gegen Schimmelpilze[12]. Da bei Benzoesäure die Wirkung umgekehrt ist, setzt man häufig Mischungen aus beiden Säuren ein[13] (sog. *Synergistischer Effekt*). Hauptanwendungsgebiete: Salate aller Art; Toastbrot; Fruchtzubereitungen; Flüssigei.

10 Körperth, H.: Die Konservierung der Lebensmittel, AULIS-Verlag Köln; Kap. 5.5.3.3, S. 68
11 Körperth, H.: Die Konservierung der Lebensmittel, AULIS-Verlag Köln; Kap. 5.5.3.3, S. 68
12 Herausgeber: Lebensmittelchemie und gerichtl. Chemie in der GDCh Zusatzstoffe Bd. 11; Behrs-Verlag, Hamburg 1986, S. 45
13 Schwedt, G.: Chemie und Analytik der Lebensmittelzusatzstoffe; Thieme-Verlag, Stuttgart 1986, Kap. 5.2, S. 164

2 Die chemischen Konservierungsstoffe und die Untersuchungsmethoden

2.1 Quantitative Bestimmung der Konservierungsstoffe nach Antonakopoulos[14, 15]

Durch Wasserdampfdestillation werden die Konservierungsstoffe vom Substrat (Lebensmittel) quantitativ abgetrennt. Man nutzt hierbei den Umstand aus, dass sich die Partialdrucke der Konservierungsstoffe und des Wassers addieren und somit die Konservierungsstoffe mit dem Wasser überdestilliert werden, obwohl sie als Feststoffe naturgemäß einen relativ niedrigen Dampfdruck haben und nicht flüchtig sind.

Zunächst muss dafür gesorgt werden, dass die Konservierungsstoffe in undissoziierter Form vorliegen. Im Lebensmittel sind sie es zwar infolge saurer Zusätze (Essig) zum Lebensmittel ebenfalls (Massenwirkungsgesetz); aber bei der Durchleitung von Wasserdampf findet eine teilweise Dissoziation statt, der entgegengewirkt werden muss. Dies geschieht bei der Durchführung der Arbeitsvorschrift dadurch, dass mit 0,1 n H_2SO_4 angesäuert wird (aufgrund des niedrigen pH-Wertes Verschiebung des Gleichgewichtes in Richtung undissoziierter Form).

z. B. Benzoesäure

| undissoziierte Form | | dissoziierte Form |

Bei Säurezugabe Verschiebung zur linken Seite; bei Wasserzugabe verschiebt sich das Gleichgewicht nach rechts. Die Zugabe von MgSO in das Wasser des Kolbens und in das Einsatzgefäß dient zur Erzeugung von überhitztem Wasserdampf (Erhöhung des Partialdrucks von H_2O).

14 Antonakopoulos in ZUL 118; S. 113–116
15 Lorenzen & Sieh in ZUL Kap. 3 + 4 S. 227–229 (Anmerkung: Vorgehensweise nach Vorschrift CUA Speyer in leichter Abänderung von FN 25 und 26)

Geräte:	Wasserdampfentwickler 1000 ml	Analysenwaage
	Einsatz nach Antonakopoulos	Quarzküvetten d = 1 cm
	Destillierbrücke	Pulver-, Glastrichter
	Heizpilz	Pipetten 4 ml /10 ml
	Messkolben 500 ml /1 000 ml	
	Schlangenkühler	
	Spektralphotometer Fa. Schimadzu-Corporation Kyoto, Nippon.	
	No.: UV-120-02	
Reagenzien:	MgSO (kristallwasserhaltig)	
	0.1 n H_2SO_4 (Vorsicht, ätzend!)	

Durchführung:

Ungefähr 20 g $MgSO_4$ werden mit 600 ml H_2O in den Wasserdampfent-wickler gefüllt und mit einem Heizpilz erhitzt. Etwa 10 g $MgSO_4$ werden in den Einsatz eingebracht und über einen Pulvertrichter genau 25.0 g Probe ein-gewogen. Danach gibt man je 10 ml destilliertes Wasser und 10 ml 0.1 n H_2SO_4 hinzu. Bei zuckerhaltigen Proben, z. B. Früchtejoghurt, muss ein Tropfen Siliconentschäumer zugegeben werden, da die Probe sonst über-schäumen würde. Wenn das Wasser im Wasserdampfentwickler kocht, wird der Antonakopoulos eingesetzt. Danach werden die Brücke und der Schlan-genkühler vorsichtig zusammengesteckt. Als Auffanggefäß für das Destillat dient der 500 ml Messkolben, auf den ein Trichter mit wenig Watte gesetzt wird, damit keine Feststoffe das Destillat trüben (Photometer). Nach ca. einer Stunde hat sich genügend Destillat angesammelt. Die Apparatur wird aus-einander genommen und der Messkolben mit destilliertem Wasser genau bis zur 500-ml-Marke gefüllt und geschüttelt.

Danach werden 10 ml des Destillats pipettiert und in den 100-ml-Messkol-ben überführt. Zum Erhalten der freien Säure werden 4 ml 0.1 n Schwefelsäure zugegeben und mit destilliertem Wasser auf 100 ml aufgefüllt und gründlich geschüttelt.

Da es sich bei den Lösungen der Konservierungsstoffe in Wasser nicht um farbige Lösungen handelt, können wir die Konzentration nicht mit weißem Licht messen, sondern nur mithilfe einer Deuteriumlampe, die UV-Licht emittiert, da die Konservierungsstoffe im UV-Bereich absorbieren. Man misst bei den jeweiligen Wellenlängen des Absorptionsmaximums.

Wieso erfolgt die Messung genau bei 230 nm und 262 nm?

Zur Beantwortung dieser Frage wurde an einem größeren Spektralphotometer mit Schreiber ein gesamtes UV-Spektrum des Wasserdampfdestillats aufgenommen von 400 nm abwärts bis 220 nm. Es zeigt sich bei diesem gesamten Spektrum, dass das Maximum der Absorption exakt bei 230 nm für Benzoesäure und 262 nm für Sorbinsäure liegt. Somit ist die Festlegung dieser Wellenlängen für die quantitative Bestimmung der genannten Konservierungsstoffe am günstigsten.

Genauigkeit der quantitativen Bestimmung:
Sehr wichtig ist die Frage nach der Genauigkeit einer quantitativen Methode. Zum Zwecke der Überprüfung der Methode nach Antonakopoulos wurden frische Paprikaschoten gekauft und diese gut zerkleinert. Zu diesem Paprika-Substrat von 100 g wurden genau 200 mg Sorbinsäure und 200 mg Benzoesäure hinzugegeben und nochmals gut umgerührt, damit alles in Lösung geht und homogen verteilt ist. Danach folgte in bewährter Weise die Wasserdampfdestillation und die anschließende Messung am Spektralphotometer. Die mathematische Berechnung des Gehalts an Konservierungsstoffen ergab 196 mg von 98 bzw. 96.5 % und somit ist davon auszugehen, dass die Antonakopoulos-Methode für die quantitative Bestimmung der Konservierungsstoffe sehr geeignet ist.

Ein zweiter wichtiger Punkt für die Stimmigkeit einer Analysemethode ist die Wiederholbarkeit des Ergebnisses.

Am Beispiel der Peperoni wurde dieses Kriterium geprüft. Bei dem ersten Ergebnis wurde der Wert 2.07 g/kg errechnet. Bei der Überprüfung des Ergebnisses wurden Peperoni erneut homogenisiert und der Wasserdampfdestillation unterzogen. Nach der Messung am Spektralphotometer wurden 95.5 %, 97.0 % und bei der dritten Probe 98.5 % Benzoesäure gefunden. Es bestätigt sich also eine gute Wiederholbarkeit des Ergebnisses.

2.2 Weitergehende Untersuchungsmethoden

Dieses Kapitel wurde bewusst hinter die quantitative Bestimmung gesetzt, um zu zeigen, wie aufwendig die vorherigen Untersuchungen waren und wie – relativ – einfach Benzoesäure, besonders aber Sorbinsäure bestimmt werden können.

2.2.1 Einfacher Nachweis von Benzoesäure durch Bildung eines roten Farbstoffes sog. Reaktion nach Mohler[16, 17]

Prinzip:

Herauslösung der Benzoesäure (Substrat gut zerkleinern) durch Aufkochen mit Wasser. Gegebenenfalls Filtration; Eindampfen der Lösung; Kochen mit KNO_3-H_2SO_4-Lösung; Zugabe von wässriger Hydroxylaminhydrochlorid-Lsg.; Alkalisierung mit Ammoniak und nochmalige Erwärmung. Bildung eines roten Farbstoffes.

Reagenzien:

10 %ige Lösung von Kaliumnitrat in konz. Schwefelsäure (Vorsicht! Stark ätzend!)

fakultativ: 3 : 1-Gemisch von Aktivkohlekörnern (3 mm) und Aktivkohlestaub

5 %ige Hydroxylaminhydrochlorid-Lsg. (Vorsicht! Gift!)

25 %ige Ammoniaklösung (Vorsicht! Reizend!)

Reaktion[18]: Nitrierung der Benzoesäure zu Dinitrobenzoesäure; Reaktion mit Hydroxylaminhydrochlorid zu Diaminobenzoesäure.

Die Versuche sind aufgrund des Entstehens von nitrosen Gasen in einem Abzug durchzuführen!

Durchführung:

Eine genau definierte, gut zerkleinerte Menge Untersuchungssubstanz (3 g) wird mit 5 ml dest. Wasser aufgekocht und filtriert (bei Lösungen mit Eigenfarbe Filtration über Aktivkohlegemisch (Korn 3 mm: Staub) Verhältnis 3 : 1. 2 ml dieser Lösung werden eingedampft und mit 2 ml einer Lösung von 10 g KNO_3 in 100 ml konz. Schwefelsäure zum Kochen erhitzt. Unter Entweichen von NO_2 lässt man abkühlen. Nach Zugabe von 2 ml Wasser und nochmaligem Abkühlen werden 2 ml einer 5 %igen Hydroxylaminhydrochloridlösung zugesetzt und mit Ammoniaklösung alkalisch gemacht. Das Reagenzglas wird ein paar Minuten bis 60 °C erwärmt und bei Gegenwart von Benzoesäure entsteht Rotfärbung, die konzentrationsabhängig von rosa bis tiefrot schwankt.

Aufgrund der recht gefährlichen Reagenzien und des Entstehens nitroser Gase wurde auf die Entwicklung eines Reagenziensatzes verzichtet.

---

16 Beythien/Diemair: Laboratoriumsbuch für den Lebensmittelchemiker; Verlag v. Theodor Steinkopff, Dresden/Leipzig 1963; S. 53/54

17 Körperth, H.: Die Konservierung der Lebensmittel, AULIS-Verlag Köln; Kap. 5.5.3.1, S. 69/70 leicht verändert

18 Beythien/Diemair: Laboratoriumsbuch für den Lebensmittelchemiker; Verlag v. Theodor Steinkopff, Dresden/Leipzig 1963, S. 54

2.2.2 Kolorimetrische/halbquantitative Bestimmung von Sorbinsäure nach Schmidt[19, 20, 21]

Prinzip:
Herauslösung der Sorbinsäure aus dem gut zerkleinerten Substrat durch Aufkochen; Filtration (bei Eigenfarbe: mittels Aktivkohlegemisch, s. o.); Zugabe von Schwefelsäure (siehe Dissoziationsgleichgewicht), Kaliumdichromat-Lösung und Thiobarbitursäurelösung. Danach kurzes Erhitzen. Eine konzentrationsabhängige Rot-/Rosafärbung zeigt Sorbinsäure an.
Achtung: Lebensmittel, die Alkohol enthalten, können mit dieser Methode nicht untersucht werden, da Kaliumdichromat nicht nur die Sorbinsäure oxidieren würde, sondern bevorzugt das Ethanol zu Acetaldehyd!

Reagenzien:
fakultativ: Aktivkohlegemisch (s. o.)
1-molare Schwefelsäure (Vorsicht! Ätzend!)
0.001-molare Kaliumdichromatlösung (Vorsicht! Cancerogen!)
0.5 %ige Thiobarbitursäurelösung

Durchführung:
Eine genau definierte Menge (1 g) Untersuchungssubstanz wird mit 5 ml Wasser aufgekocht, der Dampf darf nicht entweichen. Durch das Aufkochen kann man auf die Wasserdampfdestillation verzichten. Die Sorbinsäure geht in Lösung. Man filtriert ab (bei Eigenfarbe Aktivkohlegemisch, s. o.) und gibt nacheinander 2 ml 1-molare Schwefelsäure, 2 ml 0.001-molare Kaliumdichromatlösung und 2 ml 0.5 %ige Thiobarbitursäurelösung hinzu. Eine mehr oder weniger intensive Rot-/Rosafärbung zeigt Sorbinsäure an.

Reaktionen[22]:

H_3C —— HC == CH —— CH == CH —— C(=O)OH ⟶ 2 OHC —— CH_2 —— CHO

Sorbinsäure   Malondialdehyd

19 Beythien /Diemair: Laboratoriumsbuch für den Lebensmittelchemiker; Verlag v. Theodor Steinkopff, Dresden /Leipzig 1963, S. 57 /58
20 Körperth, H.: Die Konservierung der Lebensmittel, AULIS-Verlag Köln; Kap. 5.5.3.8, S. 80 – 84
21 Matissek, Schnepel, Steiner: Lebensmittelanalytik; Springer-Verlag, Berlin 1989, Kap. 6 S. 271 /272 leicht verändert
22 Matissek, Schnepel, Steiner: Lebensmittelanalytik; Springer-Verlag, Berlin 1989, Kap. 6, S. 271

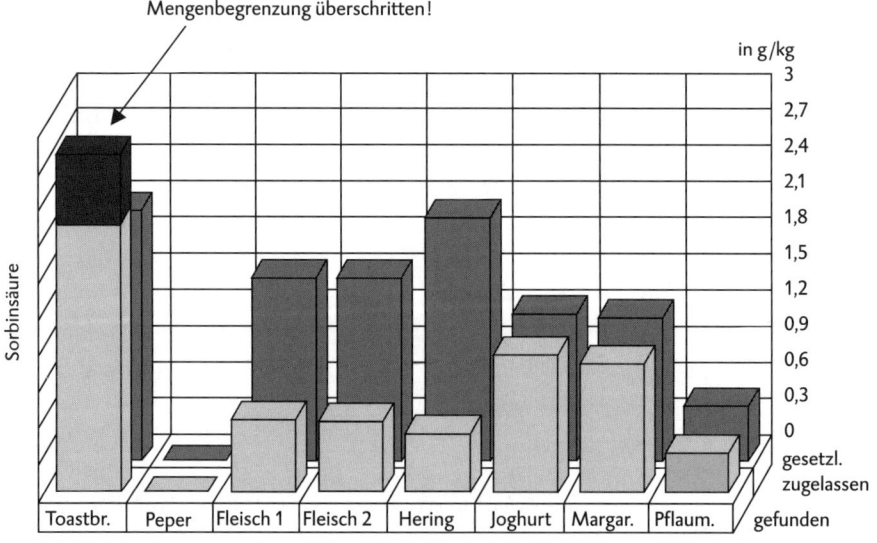

$$OHC —CH_2—CHO \quad + \quad 2 \quad \text{(Thiobarbitursäure)} \quad \xrightarrow{-2\,H_2O}$$

Malondialdehyd   Thiobarbitursäure

roter Farbstoff

Zum Beweis der kolorimetrischen Eignung der Sorbinsäurebestimmung nach Schmidt wurde eine Versuchsreihe von 0.5 %iger Kaliumsorbatlösung bis 0.0001 %iger Lösung aufgestellt (siehe auch Kap. 3.3) und die Reaktion nach Schmidt durchgeführt. Bestimmung mit einem Spektralphotometer (Extinktionsmaximum 532 nm[23]) möglich.

Mengenbegrenzung überschritten!

	in g/kg
	3
	2,7
	2,4
	2,1
	1,8
	1,5
	1,2
	0,9
	0,6
	0,3
	0

Sorbinsäure

| Toastbr. | Peper | Fleisch 1 | Fleisch 2 | Hering | Joghurt | Margar. | Pflaum. | gesetzl. zugelassen / gefunden |

---

23 Beythien/Diemair: Laboratoriumsbuch für den Lebensmittelchemiker; Verlag v. Theodor Steinkopff, Dresden/Leipzig 1963, S. 59

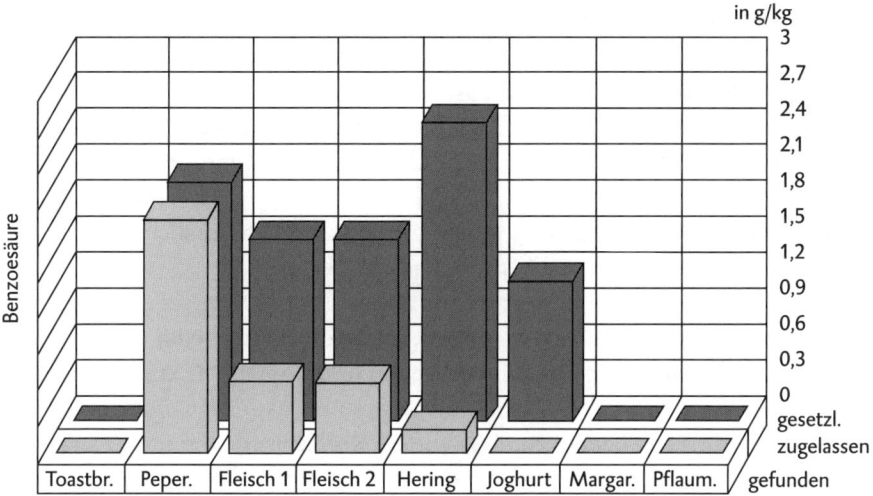

3 Ergebnisse der Untersuchungen

Folgende Lebensmittel wurden untersucht:

Lebensmittel	Bezeichnung /Firma	NS-Deklaration (Packung)
Toastbrot	Weizentoasties, Fa. Golden Toast	Sorbinsäure
Peperoni	Gewürzpfefferonen Fa. Hoffmann	Benzoesäure
Pflaumen, getr.	Fa. Seeberger	Sorbinsäure
Heringssalat	Fa. Homilla GmbH	Benzoesäure + Sorbinsäure
Fleischsalat 1	Fa. F. Hormann	Benzoesäure + Sorbinsäure
Fleischsalat 2	Fa. Homilla GmbH	Benzoesäure + Sorbinsäure
Gemüsesalat	Fa. Develey	ohne Konservierungsstoffe
Margarine LÄTTA	Fa. Union Deutsche Lebensmittel GmbH	Sorbinsäure
Fruchtjoghurt 15 % Frucht		
Du darfst […]	Fa. siehe Margarine	Sorbinsäure

3.3 Ergebnisse der kolorimetrischen Sorbinsäureuntersuchung

Es zeigt sich eine schwache Rotabstufung von 0.5 % zu 0.1 %iger Lösung. Danach folgt eine deutliche Abschwächung von 0.1 % zu 0.01 % über 0.005 % und schließlich 0.001 %, bei der noch eine leichte Rosafärbung festzustellen war.

Auf eine 1 %ige Sorbatlösung wurde verzichtet, da das Löslichkeitsprodukt (nach dem Ansäuern) der Sorbinsäure niedriger liegt.

Somit sind noch Sorbinsäurekonzentrationen von 10 mg auf 1 l kolorimetrisch nachweisbar (denkbar ist – bei geeigneten Versuchsbedingungen – eine quantitative Bestimmung mit einem Spektralphotometer (Extinktionsmaximum 532 nm)).

Es ist allerdings zu bedenken, dass wir die Konzentrationen in g/l angaben, aber nicht, wie üblich, in g/kg. Wir müssen also folgendermaßen verfahren, um die richtige Sorbinsäurekonzentration zu ermitteln:

Untersuchung eines Toastbrotes mit einer zugegebenen Menge von 1 g/kg Kaliumsorbat:
Nach der Durchführung erhalten wir einen Färbungsgrad von entsprechend 0.5 % – eher 0.1 % Sorbatlsg. Wenn wir den Wert 0.2 % annehmen, können wir nicht behaupten, dass 200 mg /100 g × 10 = 2 g/kg Sorbat enthalten ist, sondern rechnen um:
1 g Toastbrot enthält dementsprechend 1 mg Sorbat. Beim Erhitzen in 5 ml Wasser löst sich das Sorbat und wir erhalten eine 0.2 %ige Lösung. Der Umrechnungsfaktor, um auf 1 g/kg zu kommen, beträgt also 0.5.
200 mg /100 g × 2 g/kg × 0.5 = 1 g/kg oder der Gesamtfaktor ist 10 × 0.5 = 5.
In der Praxis ist dieser Wert allerdings zu vernachlässigen, da das Auge diese feinen Farbnuancen nicht erkennen kann.
→ Dies bedeutet eine Beschränkung der kolorimetrischen Methode bzw. zeigt die Eignung eines Spektralphotometers.

Entwicklung des Reagenziensatzes:
Wie schon weiter oben erwähnt, ist ein Reagenziensatz zu einer halbquantitativen Bestimmung von Sorbinsäure äußerst praktikabel (gerade dann, wenn überprüft werden soll, ob überhaupt Sorbinsäure vorliegt).
Der Reagenziensatz Sorbotest besteht aus folgenden Reagenzien und Substanzen:

Reagenz 1 (100 ml): Schwefelsäure 1 mol/l in Tropfflasche
Reagenz 2 (100 ml): Kaliumdichromatlsg. 0.001 ml/l in Tropfflasche
Reagenz 3 (100 ml): Thiobarbitursäurelsg. 0.5 % in Tropfflasche
hergestellt aus: 0.5 g Thiobarbitursäure
10 ml 1-molare Natronlauge
11 ml 1-molare Salzsäure
79 ml destilliertes Wasser
50 g Aktivkohlegemisch Korn 3 mm und Staub im Verhältnis 3 : 1
Das Aktivkohlegemisch wurde so gewählt, dass keine oder nur sehr wenig Sorbinsäure von der Aktivkohle absorbiert wird.
Am besten ist natürlich trotzdem die Verwendung von Lebensmitteln, die nicht oder nur schwach gefärbt sind.
Durchführung wie in Kap. 2.2.2 beschrieben, allerdings sind für Reagenzien 1–3 keine ml-Angaben, sondern 10 Tropfen einzusetzen.
Achtung: Falls genaue Messwerte benötigt werden, muss Reagenz 3 alle vier bis fünf Tage frisch hergestellt werden.
Für nicht sehr genaue Werte kann Reagenz 3 sieben bis acht Wochen bei 12 °C aufbewahrt werden.

4 Bewertung der Untersuchungsergebnisse und Folgerungen/Ausblick/weitere Untersuchungen

Aus der Grafik geht hervor, dass der Gehalt der Konservierungsstoffe in den untersuchten Lebensmitteln bis auf eine Ausnahme im Rahmen der gesetzlich festgelegten Höchstmengen lag. Teilweise wurden diese Höchstmengen sogar deutlich unterschritten (Heringssalat, beide Fleischsalate). Im Falle des Toastbrotes, wo eine nicht unerhebliche Überschreitung des Maximalwertes festgestellt wurde, werden amtlicherseits Nachproben erhoben, um festzustellen, ob es sich möglicherweise um einen Ausreißer handelt oder ob ein Produktionsfehler vorliegt. Auch andere im Handel befindliche Lebensmittel des gleichen Herstellers sollen überprüft werden.

Da die festgelegten Höchstmengen seitens des Gesetzgebers mit einer erheblichen Sicherheitsspanne versehen wurden, um eventuelle gesundheitliche Beeinträchtigungen zu minimieren, ist davon auszugehen, dass der Verbraucher beim Verzehr chemisch konservierter Lebensmittel ausreichend geschützt ist.

Eine weitere Minimierung einer möglichen Gefahr durch Verzehr derartiger Lebensmittel liegt darin, dass diese nicht in Unmengen verzehrt werden. Beispielsweise isst niemand größere Mengen Peperoni oder gar pfundweise Margarine. Außerdem stehen solche Lebensmittel nicht jeden Tag auf dem Speiseplan.

„Sind Konservierungsstoffe notwendig?", so wurde am Anfang dieser Arbeit gefragt. Wie auch schon auf den ersten Seiten die Meinung vertreten wurde, dass Konservierungsstoffe aus heutiger Sicht unbestritten gebraucht werden, kann nicht auf sie verzichtet werden, weil keine ungefährlicheren Alternativen bestehen beziehungsweise technisch nicht durchzuführen sind. Ein Fleisch- oder ein Heringssalat lassen sich durch Einfrieren nicht haltbar machen, weil beim Auftauen eine Entmischung der Inhaltsstoffe der Mayonnaise erfolgt.

Gerade bei der Mayonnaise könnten die Gegner der chem. Konservierung äußern, dass die bisherige Konservierung nicht die einzige ist. Sie denken dabei an die Strahlenkonservierung, die möglicherweise in Zukunft die chem. Konservierungsstoffe ablösen könnte. Ist dies allerdings zu verantworten? Gerade vor der radioaktiven Bestrahlung, die in einigen EG-Ländern zugelassen ist, muss gewarnt werden, zumal im Zuge des Binnenmarktes 1993 vermehrt bestrahlte Lebensmittel nach Deutschland eingeführt werden können. Es können nämlich durch Radikale gebildete sog. Off-Flavours entstehen, die die Genusstauglichkeit erheblich beeinträchtigen. Somit wird aller Wahrscheinlichkeit nach die chemische Konservierung auch im dritten Jahrtausend ihren Stellenwert behalten.

Der Reagenziensatz Sorbotest zeigt durchaus befriedigende Ergebnisse: Zwar ist gerade im Bereich 0.5 % – 0.1 %, der eigentlichen Konservierungsstoffkonzentration, die Farbabstufung nicht optimal, aber bei Versuchen, bei denen nur festgestellt werden soll, ob Sorbinsäure vorhanden ist – und im eingeschränkten Maße auch in welcher Konzentration – zeigt sich eine sehr Zeit sparende Methode.

Weiterführende Untersuchungen:
Bei fettarmen Lebensmitteln wird neuerdings die sog. HPLC (High Performance Liquid Chromatography) eingesetzt (bei fettreichen Lebensmitteln würde das Fett vom Säulenmaterial aufgenommen und nicht mehr eluiert, da polare Lösungsmittel nötig sind[24]).

Eine gaschromatografische Untersuchung der Konservierungsstoffe ist nämlich aufgrund ihrer Zersetzung und schlechten Derivatisierung nicht möglich.

---

24 Matissek, Schnepel, Steiner: Lebensmittelanalytik; Springer-Verlag, Berlin 1989, Kap. 6, S. 274

Im Großen und Ganzen funktioniert HPLC wie eine ‚normale Chromato-grafie'. Das zu untersuchende Lebensmittel wird gleich mit einem geeigneten Lösungsmittel, das auch als Fließmittel dient, gelöst. Nach dem Einspritzen lassen sich durch die Retentionszeit Rückschlüsse auf die zu bestimmende Substanz geben. Durch einen angeschlossenen Computer werden die entstehenden Peaks dargestellt, deren Fläche berechnet wird. Zum Vergleich wird eine Lösung mit dem gesuchten Stoff eingespritzt (Konzentration genau bekannt) und auch hier die Fläche des Peaks berechnet. Mithilfe des Dreisatzes und Erweiterungsfaktoren kann auf die gesuchte Konzentration umgerechnet werden[25].

Abschließend möchte ich mich für die freundliche Unterstützung der Mitarbeiter des Chemischen Untersuchungsamtes Speyer sehr herzlich bedanken, besonders bei Frau Ekkes, Frau Pohl, Herrn Helbing sowie Herrn Jäger.

Literaturnachweis

Antonakopoulos in ZUL 118; S. 113–116

Beythien/Diemair: Laboratoriumsbuch für den Lebensmittelchemiker; Verlag v. Theodor Steinkopff, Dresden/Leipzig 1963

Bundesgesetzblatt, Artikel 2 Zusatzstoffzulassungsverordnung 1981; verbessert nach neuestem Stand; Herausgeber: Lebensmittelchemie und gerichtl. Chemie in der GDCh Zusatzstoffe Bd. 11, Behrs-Verlag, Hamburg

Körperth, H.: Die Konservierung der Lebensmittel, AULIS-Verlag Köln

Lindner: Toxicologie der Nahrungsmittel; Thieme-Verlag, Stuttgart 1986

Lorenzen & Sieh in ZUL 118, S. 223–233

Matissek, Schnepel, Steiner: Lebensmittelanalytik; Springer-Verlag, Berlin 1989; MBL 71/232 S. 422 ‚Lysell'

Schwedt, G.: Chemie und Analytik der Lebensmittelzusatzstoffe; Thieme-Verlag, Stuttgart 1986

Schweizerisches Lebensmittelhandbuch 2. Band 5. Auflage; Eidgenössische Drucksachen; Materialzentrale Bern

Unger, K.-K.: Handbuch der HPLC; GIT-Verlag, Darmstadt 1989

---

25 Unger, K. K.: Handbuch der HPLC; GIT-Verlag, Darmstadt 1989

4   Facharbeit für das Fach Geschichte

Thema: Jugendverbände in Speyer während der dreißiger Jahre –
Von der Weimarer Republik zur nationalsozialistischen
Diktatur
von Matthias Debus

1   Vorbemerkung

Auf das Thema zur im Folgenden ohne Anhang und Vor- bzw. Nachwort
wiedergegebenen Facharbeit stieß ich unter dem Eindruck des Endes der NS-
Herrschaft vor 50 Jahren. Mich interessierte, ob und in welchem Maße sich
Menschen meines Alters damals durch Zusammenschluss in Jugendgruppen
innerhalb der Gesellschaft entfalten konnten. Die vorliegende Arbeit – wahrscheinlich die erste zu diesem Thema – soll einen Überblick über das Spektrum
des Speyerer Jugendlebens in den dreißiger Jahren geben. Durch die Dürftig-
keit der Primärquellen bedingt, bleibt die Darstellung jedoch lückenhaft, sodass kein abgerundetes Bild entstehen kann. Zum besseren Verständnis habe
ich der Untersuchung der Speyerer Gegebenheiten einen allgemeinen Teil vor-
angestellt, der in groben Zügen Geschichte und Ideen der wichtigsten Jugendverbände erläutert.

2   Allgemeiner Teil: Die wichtigsten Strömungen und Jugendverbände auf nationaler Ebene

2.1   Die Jugendbewegung

Wandervogelverbände
Als Begründer des Wandervogels kann der Gymnasiallehrer Hermann Hoff-
mann gelten, der ab 1896 mit seinen Schülern von Berlin-Steglitz aus erste
Wanderungen unternahm. Ab 1900 entwickelte Karl Fischer, ein Schüler
Hoffmanns, dessen Idee weiter und gründete am 4. 11. 1901 den Wander-
vogel-Ausschuss für Schülerfahrten (AfS). Dessen Auflösung im Jahr 1903
markiert das Ende des Urwandervogels.

Die ursprüngliche Wandervogelbewegung, die das Wandern um seiner selbst willen pflegte, wurde im Altwandervogel (AWD) fortgeführt, dessen erzieherisches Ideal der körperlich gesunde, aufgeschlossene, heimatverbundene Mensch war, der sich in der überall beginnenden und sichtbaren Zersetzung zu den Werten seines Volkes bekennt.

Wegen der Diskussion um das Mädchenwandern, welches der Altwandervogel bisher nicht billigte, trat 1907 die Jenaer Ortsgruppe aus dem AWV aus und gründete den Wandervogel, deutscher Bund für Jungwandern, auch Deutscher Bund genannt.

Der Jungwandervogel spaltete sich 1910 vom Altwandervogel ab, weil er sich stärker den Ideen des Urwandervogels verschrieben hatte. Der vor allem vom Deutschen Bund gepflegte enge Kontakt zu Schule und Erwachsenenwelt wurde von weiten Teilen der restlichen Wandervogelbewegung als Verlust der Unabhängigkeit der Jugend gewertet. Am 8. 1. 1911 wurde der Verband Deutscher Wandervögel gegründet, dem alle Gruppen des Wandervogels bis auf eine kleine Splittergruppe des AWV beitraten.

Diskussionen um die Frage, ob Jugendliche von Erwachsenen oder von Jugendlichen selbst geführt werden sollten, leiteten ab 1918 den Niedergang des Wandervogels ein. Seine Ideen lebten aber in der Bündischen Jugend und in anderen großen Jugendverbänden weiter.

Bündische Jugend

In der Bündischen Jugend lebte das Gedankengut des Wandervogels am reinsten weiter. Sie propagierte Fahrt und Lager als Ausdruck eines besonderen Lebensgefühls, das im Gegensatz zu dem des Bürgertums nach Einfachheit und Natürlichkeit strebte; darin ähnelte sie auch der Pfadfinderbewegung. In ihrer Lebens- und Erziehungsgemeinschaft sollten weniger eine bestimmte Lehre als Zucht und Sitte zur Reifung führen. Allerdings wurde die Gemeinschaft nicht von den Jugendlichen selbst, sondern von den älteren, z. T. schon im Erwachsenenalter stehenden Mitgliedern, bestimmt. In den drei Altersstufen der Bündischen Jugend bleiben Mädchen und Jungen meistens getrennt, wie es zu dieser Zeit allgemein üblich war. Da die Bündische Jugend ihren Auftrag in der Formung des Individuums sah, stand sie vor allem im Gegensatz zu den nationalsozialistischen Jugendorganisationen, denen es auf manipulierbare Massen ankam. Zu den wichtigsten Gruppierungen der Bündischen Jugend gehörte die Deutsche Freischar, die 1926 aus einer Reihe von Pfadfinder- und Wandervogelbünden hervorging. Weitere wichtige Verbände der Bündischen Jugend waren der vor allem in Südwestdeutschland wirkende Jungwandervogel, der Deutsche Pfadfinderverband (DPB), eine Dachorganisation der vielen Splittergruppen der Pfadfinderbewegung, sowie die Pfadfinderschaften der Kirchen und die so genannten jungnationalen Bünde, deren Charakteristikum ihre klare politische Zielsetzung ohne parteiliche Bindung war. Sie strebten das Dritte Reich an, das eine Erneuerung von Volk und Staat aus dem Geiste der Jugend sein sollte.

Pfadfinderverbände

Die Pfadfinderbewegung geht zurück auf den britischen Offizier Robert Baden-Powell, der sein um die Jahrhundertwende geschriebenes Instruktionsbuch für englische Kolonialsoldaten 1908 in einer für die Jugend geeigneten Fassung als Scouting for Boys veröffentlichte. Er führte damals auch erste Lager mit Jungen durch. Bald entstanden in aller Welt Pfadfinder- und Pfadfinderinnengruppen, die rasch Zulauf erhielten. Baden-Powells Ziele waren aber nicht nur allgemein-erzieherisch, sondern dienten auch der vormilitärischen Ausbildung. Die Haupterziehungsziele sind in dem aus 10 Regeln bestehenden Pfadfindergesetz festgelegt.

Nach dem Ersten Weltkrieg bildete sich in Deutschland die Freie Pfadfinderschaft, die keinen Wert mehr auf die vormilitärische Ausbildung legte. Viele andere Jugendverbände nahmen pfadfinderisches Gedankengut auf.

Im Nationalsozialismus wurde auch die Pfadfinderbewegung größtenteils in die Hitlerjugend eingegliedert bzw. verboten.

2.2 Jugendverbände mit politischer Ausrichtung

Arbeiterjugend

Die Ziele der Arbeiterjugend waren Kampf gegen die Ausbeutung der jugendlichen Arbeiter, für eine bessere Sozialgesetzgebung, für die Beendigung der Kinderarbeit, gegen die staatserhaltende Kapitalistenschicht und für die Errichtung der Herrschaft des Proletariats. Als erster Zusammenschluss wurde 1904 von dem Mannheimer Rechtsanwalt Dr. Ludwig Frank der Verein junger Arbeiter gegründet. Aus den sozialistischen Jugendvereinigungen Süddeutschlands entstand am 11. 2. 1906 der etwa 4 500 Mitglieder zählende Verband junger Arbeiter Deutschlands. Neben dieser süddeutschen gab es auch eine norddeutsche Gruppe, die sich im Dezember 1906 zur Vereinigung der freien Jugendorganisation in Deutschland zusammenschloss. Ab 1909 wurden die Aktivitäten beider Gruppen von der Zentralkommission für Arbeiterbildungswesen koordiniert.

Die Hauptziele des auf der Internationalen Konferenz der sozialistischen Jugendverbände 1907 in Stuttgart verabschiedeten Programms der Arbeiterjugendbewegung waren der Kampf gegen den Militarismus auf internationaler Basis und die Vermittlung des für diesen Kampf notwendigen Wissens. Durch die Begeisterung für die sozialistischen Ideale sollte die arbeitende Jugend zu einer starken Kampfgeneration der Arbeiterklasse herangebildet werden.

Diskussionen um die Unabhängigkeit der Arbeiterjugendbewegung von der sozialistischen Partei zogen sich bis ins Jahr 1933 hin, in dem diese mit ihren Gliederungen von den Nationalsozialisten verboten wurde.

Hitlerjugend

Aus dem von Kurt Gruber 1922 in Plauen gegründeten Bund deutscher Arbeiterjugend ging auf dem NSDAP-Parteitag in Weimar am 3./4. Juli 1926 die Hitlerjugend, Bund deutscher Arbeiterjugend genannte NSDAP-Jugendorganisation, hervor.

Nachdem sie die Bedeutung der Jugend für ihre Ziele erkannt hatte, unterstützte die Partei in den Jahren 1928–30 große Werbekampagnen der Hitlerjugend (HJ), die einen starken Anstieg der Mitgliederzahlen hervorriefen. Bei der vom 28. bis 31. 12. 1928 in Plauen stattfindenden Reichsführertagung der HJ wurde Kurt Gruber zum Reichsführer der HJ ernannt. Erst mit dessen Rücktritt 1931 und der nachfolgenden Ernennung Baldur von Schirachs zum Reichsjugendführer der NSDAP war die vollständige Eingliederung der HJ in die Partei vollzogen. Damals war die HJ mit insgesamt etwa 10 000 Mitgliedern im Vergleich zu anderen Verbänden noch unbedeutend, sie wurde aber am 6. 10. 1932 in den Reichsausschuss der deutschen Jugendverbände aufgenommen.

Da in der HJ die Arbeiterschicht stark vertreten war, stellten die Mitglieder an die Partei vor allem Forderungen, die den sozialen Bereich betrafen. Die Hitlerjugend war in die Organisation Deutsches Jungvolk (DJ) bzw. Jungmädelbund (JM) für 10–14-Jährige und in die eigentliche HJ bzw. den Bund Deutscher Mädel (BDM) für 15–18-Jährige gegliedert. Gemäß Schirachs Leitsatz „Jugend muss von Jugend geführt werden" wurde eine pyramidenartige Führerhierarchie aufgebaut, in der jeder Untergebene gleichzeitig Vorgesetzter von anderen war, was dem Einzelnen ein Gefühl von Bedeutung vermitteln sollte.

Die Selbstdefinition der HJ lautete: Die HJ ist eine weltanschauliche Erziehungsgemeinschaft. Wer in der HJ marschiert, ist keine Nummer unter Millionen, sondern Soldat einer Idee.

Um diese durchzusetzen, wurden politische Gegner bzw. andere Jugendverbände behindert und bekämpft, bis im Gesetz über die Hitlerjugend vom
1.12.1936 diese zum einzigen außerschulischen Erziehungsträger bestimmt
wurde und dem Reichsjugendführer das Recht zustand, Jugendverbände aufzulösen. Verbote von Jugendgemeinschaften wurden dadurch begründet, dass
so die Gleichheit aller Jugendlichen erreicht und eine Elitenbildung verhindert
würde. Die Durchführungsverordnungen zum Gesetz über die Hitlerjugend
vom 25.3.1939 machten allen anderen Jugendorganisationen ein legales
Weiterbestehen unmöglich.

2.3 Verbände für Leibesübungen

In der Turn- und Sportbewegung wurden neben den eigentlichen Leibesübungen auch alle Aktivitäten der anderen Jugendverbände, wie z. B. Wandern und
Lager, Singen und Tanzen, von den Jugendabteilungen gepflegt. Organisiert
waren die deutschen Turn- und Sportverbände im Deutschen Reichsausschuss
für Leibesübungen (DRA) und in der Zentralkommission für Arbeitersport
und Körperpflege (ZK). Eine Ausnahme bildete die auf Turnvater Jahn zu-
rückgehende Deutsche Turnerschaft, die sich gegen den Wettkampfgedanken
im Sport wandte.

2.4 Jugendverbände der Religionsgemeinschaften

Das Ziel der evangelischen und der katholischen Jugendverbände war die seelsorgerische Betreuung der Jugendlichen und die Persönlichkeitsbildung nach
christlichen Grundsätzen, wobei die katholische Jugend mehr auf die religiöse
Vertiefung und auch auf berufliche und wissensmäßige Weiterbildung ausgerichtet war, während die evangelische Jugend mehr als Spiegel des Gesamt-
protestantismus gelten konnte. Sie war national eingestellt, bejahte das Füh-
rerprinzip und begrüßte daher größtenteils auch ihre 1934 aufgrund einer
Vereinbarung zwischen dem Deutschen Reich und Reichsbischof Müller
durchgeführte Eingliederung in die Hitlerjugend. Eine zu dieser Hauptströ-
mung, den Deutschen Christen (DC), in Opposition stehende Gruppierung
war die Bekennende Kirche, die sich in der Barmer Theologischen Erklärung
vom 31.5.1934 gegen die Verfälschung christlicher Lehren durch die DC
wandte.

Da die Eingliederung der katholischen Jugend in die HJ nicht gelang, wurde die katholische Kirche gezwungen, ihre Jugendarbeit auf die rein seelsorgerische Betreuung der Jugendlichen zu beschränken.

Die wichtigsten Verbände der in der Katholischen Jugend Deutschlands zusammengeschlossenen katholischen Jugendbewegung waren Neudeutschland, Quickborn, der Katholische Gesellenverein, der Katholische Jungmännerverband Deutschlands und die Katholischen Jungfrauenvereinigungen Deutschlands, die im Ausschuss der evangelischen Jugendverbände Deutschlands zusammengefassten evangelischen Jugendverbände waren die Reichsverbände der Evangelischen Jungmännerbünde und der weiblichen Jugend, die Evangelischen Pfadfinderschaften, die zum Verband der christlichen Jugendbündnisse zusammengeschlossenen freikirchlichen Bünde und das stark deutschorientierte Neuland.

Die Jugendverbände des deutschen Judentums waren zusammengefasst im Reichsausschuss der jüdischen Jugendverbände. Innerhalb der jüdischen Jugendbünde gab es zwei Richtungen: Die deutschjüdischen Bestrebungen, die vor allem von der Deutschjüdischen Jugendgemeinschaft und dem deutschjüdischen Wanderbund ‚Die Kameraden' vertreten wurden, und die Zionistische Bewegung, die sich für den erneuten Aufbau eines jüdischen Volkstums durch eine Zusammenführung des ganzen Judenvolkes einsetzte und Hilfen zur Auswanderung nach Palästina gewährte. An dieser Ausrichtung orientierte sich der Brith Haolim genannte Jungjüdische Wanderbund.

3 Jugendverbände in Speyer in den dreißiger Jahren

3.1 Von der Jugendbewegung geprägte Verbände

Wandervogel

Es ist nur das Bestehen einer Mädchengruppe des Jungwandervogels zu belegen, sonst aber können keine Angaben über den Wandervogel in Speyer gemacht werden, was durch die schlechte Quellenlage und das Fehlen von Zeitzeugen bedingt ist. Ein bekanntes Mitglied des Speyerer Wandervogels war die spätere Direktorin des heutigen Hans-Purmann-Gymnasiums, Elisabeth Schleicher-Landgraf († 1990).

Bündische Jugend

Verlorene Rotte: Die Verlorene Rotte war eine wohl um 1933 entstandene, offenbar von Speyer ausgehende, der Bündischen Jugend zuzuordnende Gruppe. Sie war Mitglied im Bund deutscher Jugendvereine (BdJ). Siegfried Schmitt, der die Gruppe wohl auch begründet hat, wird als ihr Leiter angegeben.

CVJM: siehe evangelische Verbände.

Sturmschar: siehe katholische Verbände.

Pfadfinder

Pfadfinderschaft St. Georg: siehe katholische Verbände.

Evangelische Jungenschaft, Gefolgschaft Dietrich von Bern: siehe evangelische Verbände.

Jung Scharfeneck: siehe katholische Verbände.

3.2 Verbände mit politischer Ausrichtung

Verbände der Arbeiterbewegung

Im März 1933 wurden folgende auf marxistischer Grundlage arbeitende Jugendverbände bzw. Jugendfürsorge betreibende Verbände registriert:

Sozialistische Arbeiterjugend Speyer (SAJ)

Die Sozialistische Arbeiterjugend war eine Jugendabteilung der Sozialdemokratischen Partei Deutschlands (SPD). Ihr Ziel drückt sich in folgendem „Gelübde" aus, das 1920 auf dem 1. Deutschen Arbeiterjugendtreffen der Sozialistischen Arbeiterjugend in Weimar formuliert wurde: „In dem engen Gemeinschaftsleben beider Geschlechter wollen wir den Adel an uns bilden, um mitzubauen an einer sozialistischen Zukunft, bis wir anstelle Hasses, Neides, Kleinsucht die Liebe der Menschen untereinander in Volks- und Völkergemeinschaften zum Siege geführt haben. Wir wollen die Neuerung des Sozialismus durch Tat und Beispiel aus unserer Jugendbewegung." Die SAJ versuchte, die aus der Schule entlassenen Jugendlichen für sozialistische Ideen zu begeistern, damit sie sich später dafür im öffentlichen Leben einsetzen könnten. Ebenso legte sie Wert auf Allgemeinbildung und auf Beschäftigung mit Kunst und Kultur. Schillerkragen und kurze Hose kennzeichneten das äußere Erscheinungsbild der SAJ-Mitglieder. Leiter der Speyerer Ortsgruppe war Eugen Hartmeyer.

Kommunistischer Jugendverband (KJV)

Der Kommunistische Jugendverband, der seine Wurzeln in der SAJ hatte, war die Jugendorganisation der KPD. Im KJV wurde vor allem die praktische Schulung für den politischen Kampf der KPD durchgeführt.

Rote Falken

Eine weitere Gruppe der Sozialistischen Jugend bzw. der Gewerkschaftlichen Jugend bildeten die Roten Falken.

Freigewerkschaftliche Jugendgruppe des Allgemeinen Deutschen Gewerkschaftsbundes (Holzarbeiterjugend) Speyer

Die Gewerkschaftliche Jugend setzte sich vor allem für die Rechte junger Arbeiter und für deren Schutz am Arbeitsplatz ein. Vorstand der Speyerer Holzarbeiterjugend war Wilhelm Ableiter.

Freigewerkschaftliche Jugendgruppe des Verbandes Deutscher Buchdrucker Speyer

Bis auf den Nachweis der Existenz fehlt jegliche Information. Die genannten Gruppen wurden allesamt ab dem 15. 3. 33 nicht mehr als Jugendpflege treibende Verbände anerkannt. Fast alle diese Arbeitsvereine hatten sich im Laufe der Zeit eigene Vereinsheime zugelegt, die 1933 beschlagnahmt und den nationalsozialistischen Jugendverbänden übergeben werden mussten, wobei von der HJ in einem belegten Fall sogar die Einrichtung verbrannt wurde. Die Arbeit der SPD wurde ab 1930 größtenteils von jungen, den Jugendverbänden entstammenden Leuten vorangetrieben. Vor allem im Umfeld von Wahlversammlungen gab es in Speyer in den Jahren vor der Machtergreifung viele Saal- und Straßenschlachten zwischen jugendlichen Anhängern der SPD und denen der NSDAP.

3.3 Nationalsozialistische Verbände

Hitler-Jugend

Das Gründungsdatum der HJ-Ortsgruppe für Speyer ist nicht genau festzustellen, ihr Bestehen ist allerdings am 23. 3. 1933 in einem Schriftwechsel des Stadtjugendamtes zu belegen. Sie spielte bis etwa Anfang 1934 keine bedeutende Rolle im Speyerer Jugendleben. Ab da bestand ihr öffentliches Auftreten vor allem aus Provokationen und aus Schlägereien mit anderen –

vorwiegend katholischen und sozialistischen – Jugendgruppen. Ein weiteres Hauptaugenmerk lag auf deren Bespitzelung. Die Bedeutung der HJ im lokalen Alltagsgeschehen nahm aber schnell zu, sodass im Laufe der Zeit die einer Konfession angehörenden Mitglieder der HJ sogar an kirchlichen Zeremonien wie denen anlässlich von Konfirmationen bzw. Kommunionfeiern und der jährlichen Fronleichnamsprozession in Uniform teilnehmen konnten. Erstmalig geschah dies 1933, als die HJ sich noch als kleine Gruppe sah, die der Übermacht der christlichen Bevölkerung bzw. Jugend noch nicht gewachsen war, was folgendes Zitat zeigt: „SA, SS und HJ können uniformiert, also als Nationalsozialisten ihr Bekenntnis zu ihrer Religion überall dort ablegen, wo dies möglich ist und nicht die Gefahr besteht, dass sie als Nationalsozialisten einer Behandlung ausgesetzt werden, wie dies die zuständigen Stellen ein für allemal im Gotteshaus nicht mehr wünschen." Der letzte Satz drückt hier schon klar die Energie des zunehmenden Kampfes gegen kirchliche, vor allem katholische Institutionen aus. Die regionale bzw. lokale HJ-Führung bestand aus Hanns Leinenweber (Gesamtführer für Speyer und Bezirk; St. Guidostiftsplatz 6), einem Schüler des humanistischen Gymnasiums, Georg Puder (HJ-Führer für Speyer; Gießhübelstraße 17), den beiden Jungvolkführern Franz Schumacher (Rheintorstraße 11) und Walter Kretschmer (Hauptstraße 10) und einer BDM-Führerin für Speyer.

3.4 Sonstige rechts gerichtete Verbände

Jungstahlhelm
Als Jungstahlhelm bezeichnete sich die Jugendgruppe des Stahlhelm, einer Vereinigung von ehemaligen und aktiven Soldaten. Sein Ziel bestand vor allem in der Erziehung der Jugend nach soldatischen Idealen. Im März 1933 wurde er in die Liste der Jugendpflege treibenden Verbände eingetragen. Führer der Speyerer Ortsgruppe des Jungstahlhelm war K. Rieber.

Jungmädchengruppe des Königin Luisenbundes
Die Jungmädchengruppe des Königin Luisenbundes wurde 1923 als weibliche Abteilung des Jungstahlhelm gegründet. Sie wurde in Speyer von der Handarbeitslehrerin Hanne Schütz geleitet.

„Scharnhorst" Bund deutscher Jungmannen

Auch der Scharnhorst war eine Nebenorganisation des Jungstahlhelm. Er versucht die bis 16 Jahre alten Jungen zu erfassen. Ab November 1930 ist die Scharnhorstjugend Mitglied im Reichsausschuss der deutschen Jugendverbände. Sie wird 1933 der HJ eingegliedert. Die Speyerer Ortsgruppe führte Otto Jaeger.

Vor 1933 hatten es rechts gerichtete Verbände schwer, sich in Speyer zu etablieren. Nach der Machtergreifung schlossen sie sich rasch der HJ an.

3.5 Verbände der Religionsgemeinschaften

Evangelische Verbände

Bei den evangelischen Verbänden war die Quellenlage besonders schwierig. Deshalb ist hier teilweise nur die Auflistung der Namen möglich, die keinen Anspruch auf Vollständigkeit erheben kann. Am 27. 6. 1933 schlossen sich die evangelischen Jugendverbände Speyers zum Evangelisch-protestantischen Jugendwerk zusammen, das folgende Gruppierungen umfasste:

Evangelische Jungenschaft, Gefolgschaft Dietrich von Bern

Außer Angaben über ihre Nähe zur Pfadfinderschaft waren zu der von Dekan Wien geleiteten Evangelischen Jungenschaft keine weiteren Hinweise zu finden.

Evangelischer Mädchenbund der Pfarrei II

Der Evangelische Mädchenbund wurde von Frau Dekan Wien betreut.

Mädchen-Bibel-Kreis (MBK)

Der Mädchen-Bibel-Kreis umfasste Mitte 1933 insgesamt 35 Mitglieder, die in drei Gruppen aufgeteilt waren. Die 13 Mädchen umfassende erste Gruppe führte Frau Pfarrer Schwander. Die zweite Gruppe, in der sich acht Mädchen trafen, stand unter der Leitung von Fräulein Erna Götz. Die dritte Gruppe mit 14 Mädchen betreute Fräulein Anna Delobelle.

Christlicher Verein junger Männer (CVJM)

Der in der Nähe der Bündischen Jugend anzusiedelnde CVJM hatte die Missionsarbeit an jungen Männern zum Ziel. Vorstand des 70 Mitglieder zählenden

CVJM (Stand: 28. 6. 1933) war Kaufmann Emil Reiser. Für das Jungvolk war als Führer Bäcker Karl Petermann zuständig, für die Jungschar Willi Kopp.

Jungfrauenverein

Der Jungfrauenverein umfasste 60 Mitglieder (1933) und wurde von der Diakonisse Sofie Rüdinger geleitet. Vom 29. 6. 1933 liegt von dieser Gruppe eine Anfrage wegen Anerkennung als Jugendpflegeverein vor.

Bund deutscher Jugend

1926 wurde in Speyer eine Mädchengruppe des Protestantenvereins gegründet, die sich Bund deutscher Jugend nannte; weitere Informationen waren nicht zu erlangen.

Treubund

Der in eine Burschengruppe (Leitung: Georg Lang) und in eine Mädchengruppe (Leitung: Wilma Lang) geteilte Treubund war Mitglied im Bund deutscher Jugendvereine und stellte die Älterengruppe der evangelischen Bibelkreise für die Jugend dar.

Protestantischer Jugendbund

Der Protestantische Jugendbund wurde von Pfarrer D. Lind geleitet. Nähere Informationen über diese Gruppe waren nicht in Erfahrung zu bringen.

Bund Christdeutscher Jugend (BCJ)

Den Bund Christdeutscher Jugend, einen deutschnationalen Bund, leitete Wilma Lang in Verbindung mit Pfarrer Zöller. Die Christdeutschen sahen die Rettung aus der deutschen Not nach dem Versailler Frieden im Christentum und wollten dem Volk die Gottesbotschaft verkündigen, damit es zu neuer Blüte erwache. Die Kraft Christi sollte wieder eine Macht im deutschen Volke werden.

Nach Ansicht von Pfarrer Zöller befand sich die evangelische Jugend Speyers im Jahr 1933 in einer misslichen Lage: Durch die Machtergreifung der Nationalsozialisten bekamen auch deren Jugendorganisationen Hitlerjugend (HJ) und Bund Deutscher Mädchen (BDM) mit allen ihren Untergliederungen immer stärkeren Zulauf. Für die Angehörigen evangelischer Jugendbünde bestand die Schwierigkeit nun darin, sich entscheiden zu müssen, ob sie den nationalsozialistischen Organisationen beitreten oder ob sie ihrem Bund treu sein sollten, wodurch sie eventuell den Verdacht auf sich zögen, den Zielen der wahren deutschen Jugend entgegenzustehen.

Hatte der Landeskirchenrat der Pfalz noch am 18. 8. 1933 jegliche Selbstauflösung einer evangelischen Jugendgruppe untersagt, so wurde dieses Problem gelöst, indem am 21. 12. 1933 durch den Reichsbischof Ludwig Müller die Eingliederung der evangelischen Jugend Deutschlands in die Hitlerjugend mit Wirkung zum 4. 3. 1934 beschlossen wurde. Diese Gleichschaltung wurde vom Protestantischen Landeskirchenrat der Pfalz begrüßt. Gleichzeitig wurde allerdings in einem Schreiben an den Reichsbischof versucht, das Bestehen der evangelischen Jugendverbände zu sichern, was damit begründet wurde, dass die sich vollziehende und vom Landeskirchenrat begrüßte völkische Erneuerung nur zusammen mit den evangelischen Jugendverbänden gelingen könnte. Für 1934 berichtete Dekan Wien über die Verbesserung des bis dahin gespannten Verhältnisses zwischen Hitlerjugend und evangelischer Jugend; allerdings stieß die Durchführung des Jugendvertrages noch auf Schwierigkeiten. Die den Jugendlichen angebotenen Bibelstunden, die religiösen Aussprache-abende und kirchlichen Arbeitsgemeinschaften wurden gut besucht.

3.6 Katholische Verbände

(Soweit nicht anders vermerkt, Mitgliederzahlen vom 1. 1. 1930)

Neudeutschland

Der am 31. 7. 1919 in Köln gegründete Bund Neudeutschland wandte sich fast ausschließlich an Schüler höherer Lehranstalten. Die schon am 26. 10. 1919 als zweite in der Pfalz gebildete Speyerer Gruppe bestand 1930 aus 40 Mitgliedern. Wie viele andere Verbände wurde auch Neudeutschland von den Jugendlichen selbst geführt.

Die Ziele Neudeutschlands zeigen die drei Fassungen des als fundamental zu betrachtenden Hirschbergprogramms. Durch die Erfahrung der Gruppe sollen die Jugendlichen zu echten Katholiken heranreifen, die auch im späteren Leben bereit sind, für ihre Grundsätze einzutreten.

Neben Aktivitäten wie Körperertüchtigung durch Sport, Wandern und Lageraufenthalte an Sonn- und Feiertagen sowie in den Ferien wurde die Religiosität in den Christuskreisen und in liturgischen Gemeinschaftsmessen vertieft. In Zusammenkünften mit den Neudeutschland nahe stehenden Bünden Quickborn und Jung Scharfeneck wurde großer Wert auf die Pflege der Volksgemeinschaft und des Volksliedes gelegt, vor allem auch auf Aussprachen über allgemeine Fragen. Solche Diskussionen über aktuelle Probleme waren umso eher möglich, als es sich bei den Mitgliedern fast ausschließlich um Gymnasiasten handelte. Der Bund Neudeutschland hatte in Speyer ein eigenes Gruppenheim und wurde vom damaligen Domvikar L. Gouthier betreut. Mit dem 7. 7. 1933 setzte eine Serie von Verboten und Wiedergenehmigungen ein, die eine Weiterführung der Arbeit z. T. nur noch verdeckt ermöglichte.

Quickborn

Der 1919 gegründete Quickborn zählte mit 15 Mitgliedern zu den kleineren Verbänden und hatte nach Aussagen von Zeitzeugen in Speyer keine größere Bedeutung. Sein Ziel, die Erziehung einer echt katholischen, sittenreinen, frohen und tatkräftigen deutschen Jugend, wurde durch Vorträge und Heimabende angestrebt. Das Besondere am Quickborn war, dass hier im Unterschied zu den meisten anderen Verbänden Jungen und Mädchen gemeinsam das Gruppenleben gestalteten.

Jung Scharfeneck

Dieser nach der bei Ramberg in der Pfalz gelegenen, vom Diözesanverband Speyer für die Jugendarbeit gepachteten Burg Scharfeneck benannte Verband ging 1924 aus der KJK hervor, von der später noch die Rede sein wird. Die Erziehungsziele der „Scharfenecker" richteten sich nach dem Pfadfindergesetz und nach den Grundsätzen der Deutschen Katholischen Jugendbewegung. In den mindestens einmal wöchentlich abgehaltenen Heimabenden wurde den Mitgliedern sittlich-religiöse Bildung vermittelt und auch das Volkslied gepflegt. Zum Programm gehörten ebenso soziale Kurse und Tagungen, daneben spielte die Weitergabe heimatkundlicher, geschichtlicher und lebenspraktischer Kenntnisse (z. B. Erste Hilfe) eine wichtige Rolle. Im Sinne seiner pfadfinderischen Wurzeln veranstaltete Jung Scharfeneck mit seinen etwa 20 Mitgliedern Wanderfahrten in die nähere und weitere Umgebung.

Sturmschar

Die um 1928 gegründete Sturmschar wurde wegen ihrer kritischen Einstellung gegenüber dem Nationalsozialismus schon ab 1933 Opfer von Repressalien. Sie war eine der Bündischen Jugend zuzuordnende Gruppe, die vor allem aus nicht studierenden Jugendlichen bestand und nach dem Prinzip „Jugend führt Jugend" aufgebaut war. Ab 1935 bildete die Sturmschar das Sammelbecken für die Reste der verbotenen katholischen Jugendorganisationen und ging, nachdem sie im November 1937 in Gemeinschaft St. Michael umbenannt worden war, 1939 in die Pfarrjugend über.

Viele der „Sturmschärler" waren als Jugendführer in der für die jüngeren Mitglieder geschaffenen Jungschar eingesetzt. Zu den gemeinsamen Aktivitäten zählten Wanderungen, Lager und Fahrten.

Ihre Lager in den Speyerer Auwäldern konnte die Sturmschar allerdings ab 1935 nicht mehr durchführen. Also gingen ihre Mitglieder im Geheimen dazu über, in Zweiergruppen vereinbarte Treffpunkte, wie z. B. das Stift Neuburg, anzusteuern, wo sie auf klostereigenem Gelände lagern konnten.

Jünglingskongregation St. Joseph

Die 1919 gegründete Jünglingskongregation der Pfarrei St. Joseph verfolgte ihr Ziel, die Pflege echter Religiosität und Sittlichkeit, um zur Vertiefung einer echt katholischen Weltanschauung zu gelangen, indem sie wöchentlich Versammlungen abhielt, bei denen neben Vorträgen mit allgemein interessierenden Themen auch solche mit religiös-sittlichem Inhalt angeboten wurden. Außerdem unternahm diese von Kaplan Joh. Strassner geleitete Jungengruppe auch Wanderungen und pflegte Sport und Spiel. Die 60 Mitglieder umfassende Jünglingskongregation ist gleichzusetzen mit dem männlichen Teil der Pfarrjugend.

Jungfrauenkongregation St. Joseph

Parallel zur Jünglingskongregation gab es in der Pfarrei St. Joseph die ebenfalls 1919 gegründete Jungfrauenkongregation, die mit ihren 58 Mitgliedern den weiblichen Teil der Pfarrjugend repräsentierte. In äußerer Organisation und Zielen der Jungengruppe entsprechend, wurden den Mitgliedern in den monatlich stattfindenden Versammlungen Vorträge mehr belehrenden Inhaltes angeboten. Neben Aktivitäten wie Spiel, Gesang und Wanderung wurde in der Jungfrauenkongregation vor allem auch auf handarbeitliche Tätigkeiten Wert gelegt, die den Armen zugute kamen.

Jungfrauenkongregation der Dompfarrei mit Jugendgruppe

Die Jungfrauenkongregation der Dompfarrei hatte ca. 150 Mitglieder, wobei der Anteil der Jugendlichen nicht genau feststellbar ist. Ziel der 1909 gegründeten Gruppe war es, durch Festigung religiöser und sittlicher Grundsätze, durch geistige Förderung in Form von guter Lektüre, durch Sport und Spiel und durch heitere Geselligkeit als Schutz vor schädlichen Einflüssen junge Mädchen zu grundsatztreuen, brauchbaren deutschen Frauen heranzubilden.

Die Jugendarbeit dieser Vereinigung bestand aus allsonntäglichem, geselligem Beisammensein bei Gesang, Tanz und Spiel. Der religiös-sittlichen Weiterbildung dienten monatliche Vorträge. Ihren sozialen Sinn zeigte die Gruppe durch Anfertigung von Kleidungsstücken für Bedürftige.

Jugendgruppe des Frauenbundes

Diese 1912 gegründete Gruppe förderte durch wöchentliche Zusammenkünfte, Vorträge, Wanderungen und Koch- bzw. Backkurse die soziale und religiöse Bildung der weiblichen Jugend. Im Rahmen der Caritas betätigte sie sich durch Anfertigung von Wäsche und Bekleidung für arme Kinder und durch Teilnahme einiger Mitglieder an den Vinzenzkonferenzen. Zwei Mitglieder arbeiteten ständig in der Dombücherei. Die Jugendgruppe des Frauenbundes umfasste 40 Mädchen und wurde von einer Jugendlichen, Fräulein M. Keller, geleitet.

Notburgaverein

Der 1919 gegründete und nach der Patronin der Dienenden benannte Notburgaverein war für weibliche Hausangestellte bestimmt. Seinen 125 Mitgliedern vermittelte er durch Vorträge verschiedenster Art sowie durch Koch- und Backkurse sittlich-religiöse und berufliche Weiterbildung.

Katholischer Arbeiterinnenverein

Der katholische Arbeiterinnenverein strebte ebenfalls die religiös-sittliche Festigung und Weiterbildung seiner 98 Mitglieder an. Bei den Zusammenkünften wurden sowohl religiöse als auch volkswirtschaftliche Fragen behandelt. Kochkurse und Nähabende dienten der hauswirtschaftlichen Ausbildung. Weiterhin pflegte dieser 1919 gegründete Verein Geselligkeit in Form von Spiel und Gesang.

Katholischer Gesellenverein Speyer

1846 rief Adolf Kolping in Elberfeld den Katholischen Gesellenverein ins Leben, die Urzelle der heute noch wirksamen Kolpingbewegung. Der 1860 gegründete Speyerer Zweigverein bot seinen 240 Mitgliedern außer regelmäßigen sittlich-religiösen Bildungsveranstaltungen auch die Vermittlung praktisch-handwerklicher Kenntnisse und Fertigkeiten sowie soziale Kurse; ebenso gehörte die Unterstützung zugereister Handwerksgesellen zu seinen wichtigsten Aufgaben. Bei den Vereinsgesellen sollte die Liebe zur Arbeit geweckt werden, um sie zu tüchtigen Meistern und guten Staatsbürgern heranzubilden. Hier zeigte sich neben der religiösen eine stark sozialpolitische Zielsetzung. Zum musisch-geselligen Teil des Vereinslebens trug wesentlich eine eigene Musikkapelle bei.

Katholischer Jugendverein (Lehrlingsverein)

Seine Ziele, die religiös-sittliche Belehrung und Erziehung, die berufliche Ertüchtigung der heranwachsenden katholischen männlichen Jugend und die Pflege von Frohsinn und Gemeinschaftsgeist, versuchte der 1906 gegründete Verein durch wöchentliche Versammlungen mit Vorträgen über religiöse, berufliche oder staatsbürgerliche Fragen, mit Filmvorführungen über Landschaften und Kulturwerke sowie durch Geselligkeit zu erreichen. Zu seinen Aktivitäten zählten außerdem Wanderungen, Sport und Theaterabende sowie Orchesterproben.

Jung Nemetia

Jung Nemetia (Nemetia = Civitas Nemetum = Speyer) war ein 1922 für die kaufmännische Jugend gegründeter Verein, der sich die Heranbildung seiner 40 Mitglieder zu treuen Katholiken, tüchtigen Kaufleuten und guten Staatsbürgern zum Ziel gesetzt hatte. Daher bot dieser Verband wöchentliche Zusammenkünfte, z. T. mit religiös-sittlichen Vorträgen, sowie berufliche Ausbildungskurse an. Zur körperlichen Ertüchtigung wurden Sport und Wandern gepflegt.

Deutsche Jugend-Kraft (DJK)

Vereinszweck der 1921 gegründeten DJK war die Pflege geordneter Leibesübungen als Mittel zur Kräftigung des Körpers und Stählung des Charakters im Rahmen des katholischen Erziehungszieles. Wöchentlich wurden für die 170 Mitglieder zwei Turnstunden abgehalten. Es gab außerdem noch je zwei Fußball-, Handball- und Faustballabteilungen, die sich regelmäßig zum Training und an Sonntagen zu Spielen untereinander oder mit auswärtigen Mannschaften trafen. Bei Heimspielen stand als Austragungsort ein eigener Platz zur Verfügung (heute VfR-Sportplatz), der 1933 durch die Nationalsozialisten verwüstet wurde.

Freitags fanden Vereinstreffen statt, die der geistigen Anregung und Ausbildung, der Belehrung und der Aussprache über Sportfragen dienten und daneben Gelegenheit zu geselligem Beisammensein gaben. Wanderungen in die nähere und weitere Umgebung gehörten ebenfalls zum Programm. Die schon im Frühjahr 1933 erfolgte gewaltsame Auflösung der DJK wurde durch das Reichskonkordat wieder rückgängig gemacht. Am 24. 8. 1938 wurde die DJK endgültig aufgelöst und ihr Vermögen beschlagnahmt.

Palatia

Die Jugendgruppe Palatia wurde 1919 gegründet. Ihre 80 Mitglieder trafen sich alle 14 Tage, um in Vorträgen religiöse Ertüchtigung, geistige Weiterbildung und berufliche Förderung zu erfahren. Bei diesen Zusammenkünften spielte auch der Gesang ein große Rolle.

Pfadfinderschaft St. Georg

Die Speyerer Gruppe der Pfadfinderschaft St. Georg wurde um 1928 gegründet und kam bis 1930 zweimal pro Woche zusammen. Im März 1931 hatte sie 70 Mitglieder, die sich einmal wöchentlich trafen. Jeden Sonntag fanden Fahrten mit jeweils mindestens 50 Teilnehmern statt. Zur Ausrichtung an christlichen Werten, vor allem am Gebot der Nächstenliebe, kam bei den St.-Georgs-Pfadfindern die Betonung von Naturerlebnis und Naturverbundenheit bei den Fahrten und bei Lagern. Ihr erklärtes Ziel war die volksbildnerische Erziehung der Jugendlichen, der besonders die im Caritashaus (sog. Haus Nazareth, heute Polizeidirektion Speyer) stattfindenden Heimabende dienten. Die Pfadfinderschaft St. Georg, deren auffallendes äußeres Merkmal die grüne Uniform war, wurde von jungen Erwachsenen über 21 Jahren geführt, Anfang der 30er-Jahre von Willi Fleischmann. Ihre Mitglieder kamen vor allem aus Arbeiter- und Handwerkerfamilien. Als Besonderheit der Speyerer Gruppe galt der nicht ohne Stolz betrachtete eigene Spielmannszug, der zu Gelegenheiten wie Fronleichnam auch liturgische Zeremonien musikalisch umrahmte. So war es für die beteiligten Pfadfinder ein traumatisches Erlebnis, als 1934 bei einem geschlossenen Marschieren durch die Straßen von angreifenden und prügelnden Hitlerjungen mutwillig viele ihrer Instrumente zerstört wurden. 1935 setzte eine Serie von Verboten und Wiederzulassungen ein, die erst 1938 mit dem endgültigen Verbot der Pfadfinderschaft St. Georg endete.

Die Pfadfinderschaft St. Georg trat jedoch schon ab 1935 nicht mehr geschlossen in der Öffentlichkeit auf, veranstaltete keine gemeinsamen Fahrten mehr, legte die Uniform ab und ging zur Arbeit im Verborgenen über, die teilweise entdeckt, aber sogar von eher linientreuen Teilen der Bevölkerung geduldet wurde.

Wandergruppe des bischöflichen Konvikts

Leo Egli, ein Schüler des humanistischen Gymnasiums (heute Gymnasium am Kaiserdom), gründete wohl 1933 für Mitschüler, die im Bischöflichen Konvikt wohnten, eine Wandergruppe, die er auch 1934 noch leitete und die auf Stadtebene nicht stark in Erscheinung trat.

Im Vergleich zu den evangelischen Verbänden hatten die katholischen – ebenso wie die jüdischen und sozialistischen – sehr stark unter den Repressionen des Naziregimes zu leiden. Ab 1934 versuchte die HJ systematisch, ihre politischen Gegner bei allen ihren Aktivitäten zu stören. Maßnahmen wie bereits 1933 vorgenommene Enteignungen stärkten den Zusammenhalt unter den katholischen Jugendgruppen und ließen deren Mitgliederzahlen und die Auflagen der Zeitschriften sogar steigen. Ab dem 23. 7. 1935 war das öffentliche Auftreten katholischer Jugend praktisch nicht mehr möglich. Dies zeigte sich z. B. daran, dass in Gruppen reisende katholische Jungen auf der Fahrt von patrouillierender HJ kontrolliert bzw. aufgegriffen und verprügelt wurden. Es konnten nur noch illegal Fahrten unternommen werden, indem Zweiergruppen zu vereinbarten abgelegenen Treffpunkten fuhren. Um 1935 sammelten sich Mitglieder der verbotenen katholischen Jugendverbände in der Sturmschar. Unter dem politischen Druck erfolgte eine schrittweise Umstrukturierung, die den Rückzug in den innerkirchlichen Bereich zur Folge hatte. Um 1939 gab es in Speyer als katholische Gruppe nur noch die Dompfarrjugend mit etwa 30 Mitgliedern. 19 von ihnen, die an verschiedenen Orten Wehrdienst leisten mussten, blieben unter der Bezeichnung Wilde Gesellen miteinander brieflich in Verbindung und hatten Kontakte zum Widerstand.

3.7 Jüdische Verbände

Die Kameraden
Als rein jüdischer Jugendverband sind in Speyer bis zur Machtergreifung Die Kameraden nachweisbar, die sich zum deutschen Vaterland bekannten und deren Ziele denen der Wandervogelbewegung glichen. Ihre altersmäßige Gliederung war durch die Einteilung in das Jungvolk, die 10–13-jährigen Pimpfe und in die größeren, 14–20 Jahre alten Mitglieder gegeben. Die Kameraden waren den Vereinigten Speyerer Jugendbünden angeschlossen.

Jüdischer Jugendverein
Über den Jüdischen Jugendverein war nur zu erfahren, dass er wohl in äußeren Formen den Pfadfindern nahe stand. Am 20. 5. 1933 fand eine Hausdurchsuchung bei der Schriftführerin Erika Elkan statt, die in der Gilgenstraße 15 wohnte. Unter anderem wurde auch ein für soziale Hilfe eingesetztes Konto beschlagnahmt.

Die Jugend und insbesondere die Jugendverbände bildeten in Speyer die stärkste Brücke zwischen jüdischer und nichtjüdischer Bevölkerung. Eine wichtige Rolle spielte hier die Assimilation der jüdischen Jugend. So befanden sich z. B. schon seit dessen Anfangszeit jüdische Mädchen in der Speyerer Mädchengruppe des Jungwandervogels.

Allerdings schwand die jüdische Beteiligung in den Jugendverbänden mit dem zunehmenden Antisemitismus in der Bevölkerung und im öffentlichen Leben. Anfang 1934 gab es in Speyer keine jüdischen Jugendverbände mehr.

3.8 Nicht eindeutig einzuordnen

Bund der Kaufmannsjugend im D.H.V. (Deutschnationaler Handlungs-gehilfen-Verband), Ortsgruppe Speyer
Der Bund der Kaufmannsjugend wurde vom Stadtjugendamt gegenüber der nationalsozialistischen Aufsichtsbehörde 1933 als national eingestellt bezeich-net. Leiter dieser Gruppe war Martin Schuster, Hafenstraße 39.

Quellen und Literatur (Auswahl)

Archivalische Quellen
Speyer, Landesarchiv:
Best. H 45 (Kreisverwaltung Speyer)
Best. V 113 (Nachlass Keller)
Best. Y 21 (Zeitungsausschnittsammlung)

Speyer, Stadtarchiv:
Akten: IX D 12
Speyer, Zentralarchiv der Evangelischen Kirche der Pfalz:
Best. 44 Nr. 8: Jahresberichte Speyer 1933 (Zöller), 1934 (Wien)

Befragte Zeitzeugen
Alschner, Elisabeth (19. 6. 1995)
Scherpf, Stefan (30. 5. 1995)
Stützel, Franz (31. 5. 1995)

Literatur

Bergmann, Richard, Documenta. Unsere Pfälzische Landeskirche innerhalb der Deutschen Evangelischen Kirche in den Jahren 1930–1944. Bd. 1–3, Speyer 1960

Kleines Handbuch der Jugendverbände, hg. v. Deutschen Archiv für Jugendwohlfahrt. Berlin 1931

Hederer, Josef, Die Jugendgemeinschaften und ihre Führer. Neubiberg/München 1959

Hofen, Karl, Das Bistum Speyer in den Jahren religiöser Bedrückung durch den Nationalsozialismus. Geschichtliche Notizen (= Schriften des Diözesan-Archivs Speyer 4). Speyer 1980

Die internationale sozialistische Jugendbewegung, hg. vom Sekretariat der Sozialistischen Jugendinternationale. Berlin 1924

Kneip, Rudolf, Jugend der Weimarer Zeit. Handbuch der Jugendverbände 1919–1938. Frankfurt am Main 1974

Nathal, Matthias, Katholische Kirche und Nationalsozialismus im Bistum Speyer 1933–1939. Magisterarbeit. Mannheim 1985/86

Reichsgesetzblatt. 1933, 1936, 1939

Schirach, Baldur v., Die Hitlerjugend. Idee und Gestalt, in: Zeitgeschichte, Berlin 1934

Schleicher-Landgraf, Elisabeth, Unsere jüdischen Mitbürger in Speyer, in: Portenlänger, Franz Xaver, Hg., Geschichte der Juden in Speyer (= Beiträge zur Speyerer Stadtgeschichte 6). Speyer 1981

Zeitungen

Der Speyerer Protestant. Monatsschrift für entschiedenen Protestantismus 1 (1930)–7 (1936).

Speyerer Zeitung.

Ihre Meinung ist uns wichtig!

Ihre Anregungen sind uns immer willkommen. Bitte informieren
Sie uns mit diesem Schein über Ihre Verbesserungsvorschläge!

Titel-Nr.	Seite	Vorschlag

Die echten Hilfen zum Lernen... **STARK**

13-V1T

Bitte ausfüllen und im frankierten Umschlag
an uns einsenden. Für Fensterkuverts geeignet.

Zutreffendes bitte ankreuzen!

Die Absenderin/der Absender ist:

☐ Lehrer/in in den Klassenstufen:

☐ Fachbetreuer/in
Fächer:

☐ Seminarlehrer/in
Fächer:

☐ Regierungsfachberater/in
Fächer:

☐ Oberstufenbetreuer/in

☐ Schulleiter/in

☐ Referendar/in, Termin 2. Staats-
examen:

☐ Leiter/in Lehrerbibliothek

☐ Leiter/in Schülerbibliothek

☐ Sekretariat

☐ Eltern

☐ Schüler/in, Klasse:

☐ Sonstiges:

Unterrichtsfächer: (Bei Lehrkräften!)

STARK Verlag
Postfach 1852
85318 Freising

Kennen Sie Ihre Kundennummer?
Bitte hier eintragen.

Absender (Bitte in Druckbuchstaben!)

Name/Vorname

Straße/Nr.

PLZ/Ort

Telefon privat   Geburtsjahr

E-Mail-Adresse

Schule/Schulstempel (Bitte immer angeben!)

Bitte hier abtrennen

Sicher durch das Abitur!

Effektive Abitur-Vorbereitung für Schülerinnen und Schüler:
Klare Fakten, systematische Methoden, prägnante Beispiele sowie Übungs-
aufgaben auf Abiturniveau mit erklärenden Lösungen zur Selbstkontrolle.

(Bitte blättern Sie um)

Deutsch

Training Methoden Deutsch
Grundlagen, Arbeitstechniken und Methoden .... Best.-Nr. 944062

Deutsch 11. Klasse .... Best.-Nr. 90405

Aufsatz Oberstufe .... Best.-Nr. 84401

Abitur-Wissen
Erörtern und Sachtexte analysieren .... Best.-Nr. 944064

Abitur-Wissen
Textinterpretation Lyrik, Drama, Epik .... Best.-Nr. 944061

Abitur-Wissen Deutsche Literaturgeschichte .... Best.-Nr. 94405

Abitur-Wissen Prüfungswissen Oberstufe .... Best.-Nr. 94400

Lexikon Autoren und Werke .... Best.-Nr. 944081

Französisch

Landeskunde Frankreich .... Best.-Nr. 94501

Wortschatz .... Best.-Nr. 94503

Literatur .... Best.-Nr. 94502

Textarbeit Oberstufe .... Best.-Nr. 94504

Abitur-Wissen Literaturgeschichte .... Best.-Nr. 94506

Latein

Kurzgrammatik .... Best.-Nr. 94601

Wortkunde .... Best.-Nr. 94603

Abitur-Wissen Lateinische Literaturgeschichte .... Best.-Nr. 94602

Englisch

Textaufgaben *lieferbar ab ca. Jan. 04* .... Best.-Nr. 94468

Übersetzungsübung .... Best.-Nr. 82454

Grammatikübung Oberstufe .... Best.-Nr. 82452

Wortschatzübung Oberstufe .... Best.-Nr. 82451

Grundlagen der Textarbeit .... Best.-Nr. 94464

Grundfertigkeiten des Schreibens .... Best.-Nr. 94466

Sprechfertigkeit mit CD .... Best.-Nr. 94467

Textaufgaben zur Literatur .... Best.-Nr. 94462

Englisch – Übertritt in die Oberstufe .... Best.-Nr. 82453

Abitur-Wissen Landeskunde Großbritannien .... Best.-Nr. 94461

Abitur-Wissen Landeskunde USA .... Best.-Nr. 94463

Abitur-Wissen Literaturgeschichte .... Best.-Nr. 94465

Kompakt-Wissen Kurzgrammatik .... Best.-Nr. 90461

Kompakt-Wissen Wortschatz .... Best.-Nr. 90462

Fachübergreifend

Richtig Lernen
Tipps und Lernstrategien für die Oberstufe .... Best.-Nr. 10483

Referate und Facharbeiten für die Oberstufe .... Best.-Nr. 10484

Training Methoden
Meinungen äußern, Ergebnisse präsentieren .... Best.-Nr. 10486

Erdkunde

Training Methoden Erdkunde
Grundlagen, Arbeitstechniken und Methoden .... Best.-Nr. 94901

Erdkunde *lieferbar ab Frühjahr 04* .... Best.-Nr. 94909

Abitur-Wissen Entwicklungsländer .... Best.-Nr. 94902

Abitur-Wissen USA .... Best.-Nr. 94903

Abitur-Wissen Europa .... Best.-Nr. 94905

Abitur-Wissen Asiatisch-pazifischer Raum .... Best.-Nr. 94906

Lexikon Erdkunde .... Best.-Nr. 94904

Religion

Katholische Religion 1 – gk .... Best.-Nr. 84991

Katholische Religion 2 – gk .... Best.-Nr. 84992

Abitur-Wissen gk ev. Religion
Der Mensch zwischen Gott und Welt .... Best.-Nr. 94973

Abitur-Wissen gk ev. Religion
Die Verantwortung des Christen in der Welt .... Best.-Nr. 94974

Abitur-Wissen Glaube und Naturwissenschaft .... Best.-Nr. 94977

Abitur-Wissen Jesus Christus .... Best.-Nr. 94978

Abitur-Wissen Die Frage nach dem Menschen .... Best.-Nr. 94990

Abitur-Wissen Die Bibel .... Best.-Nr. 94992

Abitur-Wissen Christliche Ethik .... Best.-Nr. 94993

Lexikon Ethik und Religion .... Best.-Nr. 94959

Ethik

Ethische Positionen
in historischer Entwicklung – gk .... Best.-Nr. 94951

Abitur-Wissen Philosophische Ethik .... Best.-Nr. 94952

Abitur-Wissen Glück und Sinnerfüllung .... Best.-Nr. 94953

Abitur-Wissen Freiheit und Determination .... Best.-Nr. 94954

Abitur-Wissen Recht und Gerechtigkeit .... Best.-Nr. 94955

Abitur-Wissen Religion und Weltanschauungen .... Best.-Nr. 94956

Abitur-Wissen
Wissenschaft – Technik – Verantwortung .... Best.-Nr. 94957

Abitur-Wissen Politische Ethik .... Best.-Nr. 94958

Lexikon Ethik und Religion .... Best.-Nr. 94959

Sport

Bewegungslehre – LK .... Best.-Nr. 94981

Trainingslehre – LK .... Best.-Nr. 94982

Kunst

Grundwissen Malerei – LK .... Best.-Nr. 94961

Analyse und Interpretation – LK .... Best.-Nr. 94962